놀면서 똑똑해지는

실뜨기 대백과

길벗스쿨

차례 ★

혼자서 하는 실뜨기

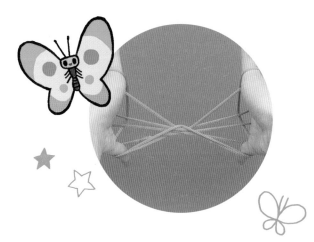

변신 실뜨기

실뜨기가 어려운 분들을 위해

실뜨기를 처음 접하는 독자님들을 위해 실뜨기 과정을 좀 더 자세히 알려 주는 동영상을 수록했어요.
QR 코드를 스캔해 보세요.

▶ 표시가 있는 주제는 동영상으로 볼 수 있어요.

추억의 실뜨기

마술 실뜨기

둘이서 하는 실뜨기

재밌게 놀다 보면 머리가 좋아져요!
실뜨기의 비밀

실뜨기는 손가락 끝을 정교하게 움직여 가며 여러 가지 모양을 만들어 보는 놀이예요. 놀이 과정에서 신체 여러 부위가 자극돼 뇌 발달에 도움을 줍니다.

뇌 과학 전문가
가토 도시노리 교수

① 좌뇌와 우뇌가 동시에 발달해요

실뜨기는 양손을 동시에 사용하기 때문에 좌뇌와 우뇌가 좋아지는 건 물론이고, 좌우 뇌를 동시에 일하게 하는 '소뇌'와 '뇌량'의 능력도 함께 발달해요.

우뇌 총명해진다!

친구와 사이좋게 지내기처럼
살아가는 데 필요한 영리함을 담당해요.

➡ 왼손의 움직임을
촉진한다.

좌뇌 공부를 잘하게 된다!

수학이나 국어 같은 공부와 관련된
지능을 담당해요.

➡ 오른손의 움직임을
촉진한다.

양손을 많이 쓰면
뇌가 발달해요!

4

다양한 영역의 능력이 높아져요

뇌는 크게 여덟 영역으로 나눌 수 있는데, 저마다 다른 역할을 맡아요.
실뜨기를 하면 여덟 영역이 동시에 일을 하므로 협응력이 더 좋아져요.

실뜨기를 하면 뇌의 8개 영역이 동시에 일한다

운동
손가락 끝을 생각대로
움직인다.

사고
어느 실을 잡아야 하는지
생각한다.

전달
둘이 같이 실뜨기를 하기도 하고,
만든 것을 서로 보여 주기도 한다.

기억
실뜨기하는 방법을
외운다.

청각
둘 또는 여럿이 서로
이야기하며 실뜨기를 한다.

감정
모양을 만들고 나서
기쁨을 느낀다.

이해
실을 어떻게 손가락에
걸고, 잡고, 푸는지
이해한다.

시각
실이 어느 손가락에
걸리는지 실뜨기
과정을 본다.

좌뇌는 논리적인 사고력에, 우뇌는 상상력과 직감
에 관여해요. 실뜨기는 즐겁게 좌뇌와 우뇌를 모두
자극할 수 있는 놀이예요. 특히, 우뇌는 열 살까지
발달이 많이 이루어진다고 해요. 어렸을 때 실뜨기
를 많이 하고 놀면 우뇌 발달에 도움이 되겠지요?
마찬가지로 어린이뿐만 아니라 어른도 실뜨기로
뇌의 기능을 단련할 수 있어요. 뇌는 나이를 먹어도
계속 성장하거든요. 어른, 아이 할 것 없이 실뜨기를
즐겨 보세요.

하나 더!

뇌를 자극하려면

☑ 가족이나 친구들과 함께 한다.
☑ 만든 모양을 다른 사람한테 보여 준다.
☑ 실뜨기를 몇 가지 외워서 발표한다.
☑ 여러 가지 실뜨기에 도전한다.

이 책에 실려 있는 다양한 실뜨기에
도전해 보세요!

기본 준비 모양

▶ 동영상으로 배워요.

가운뎃손가락 준비 모양

완성!

1

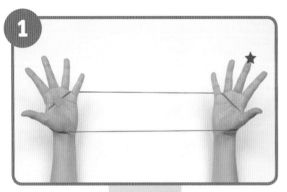

오른손 가운뎃손가락으로 ◆를 걸어 당긴다.

걸고 있는 모습

3

〈가운뎃손가락 준비 모양〉 완성!

걸고 있는 모습

2

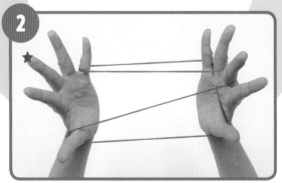

왼손 가운뎃손가락으로 ◆를 걸어 당긴다.

집게손가락 준비 모양

1

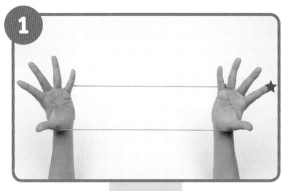

오른손 집게손가락으로 ◆를 걸어 당긴다.

3

완성!

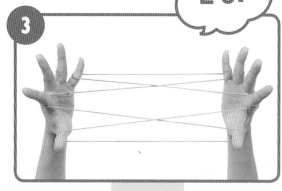

〈집게손가락 준비 모양〉 완성!

걸고 있는 모습

걸고 있는 모습

2

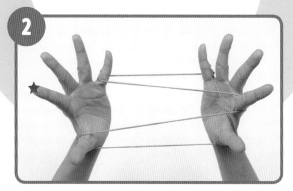

왼손 집게손가락으로 ◆를 걸어 당긴다.

이 책의 사용법

실 길이
해당 실뜨기에 알맞은 실 길이를 나타내요.

난이도
실뜨기의 어려운 정도를 쉬움, 보통, 어려움 세 단계로 나누었어요. 처음 도전하는 사람은 '쉬움'부터 시작해요.

난이도	실 길이
보통 👻	긴 실 ∞

유령

기본 준비 모양
〈가운뎃손가락 준비 모양〉은 6쪽, 〈집게손가락 준비 모양〉은 7쪽에 소개되어 있어요. 이 두 가지 말고 다른 모양들은 ❶의 사진과 설명을 잘 읽고 시작해요.

확대 사진
실을 걸거나 풀 때의 손가락과 실 모양을 잘 알 수 있도록 사진을 크게 나타냈어요.

순서

가운뎃손가락 준비 모양

〈가운뎃손가락 준비 모양〉에서 시작. 엄지손가락으로 다른 실의 위쪽에서 ◆를 걸어 당긴다.

❶ 의 걸고 있는 모습

❷ 엄지손가락에 걸려 있는 ▲를 풀어 준다.

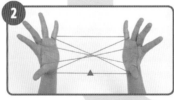

❸ 새끼손가락에 걸려 있는 ▲를 풀어 준다.

❹ 의 걸고 있는 모습

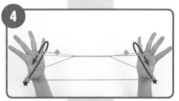

실 아래쪽에서 엄지손가락의 등 부분으로 ◆를 걸어 앞으로 끌어당긴다.

❸ 의 풀고 있는 모습

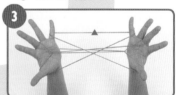

실 거는 법과 푸는 법
손가락으로 실을 걸거나 손가락에서 실이 풀리는
상태를 알기 쉽게 사진으로 보여 줘요.

혼자서 하는 실뜨기

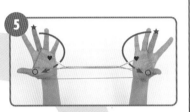

가운뎃손가락을 ♥와 ◆의 아래쪽을 지나
○ 안에 넣어 ◆를 걸어 올린다.

❺의 걸고 있는 모습. 가운뎃손가락에 걸려
있던 실은 자연스럽게 풀린다.

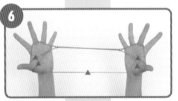

엄지손가락에 걸려 있는 ▲를 모두 풀어 준다.

❻의 풀고 있는 모습

완성!

둥둥
떠다니는
유령!

모양을 잡는 모습

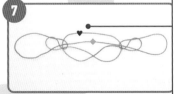

실을 손가락에서 살며시 빼내 바닥에 놓고, ♥가 머리
◆가 꼬리가 되도록 실을 당기면서 모양을 잡는다.

화살표
→
화살표 방향으로 실이나
손가락을 움직여요.

기호 표시

★ : 사용할 손가락을 가리켜요.

●, ○ : 손가락을 어디에
넣을지 나타내요.

◆, ♥ : 실의 어느 부분을 걸어야
하는지 나타내요.

▲ : 어느 실을 풀어야
하는지 나타내요.

▓ : 눌러야 하는 실을 나타내요.

출렁다리

흔들흔들
출렁다리를
완성했어요!

▶ 동영상으로
배워요.

1

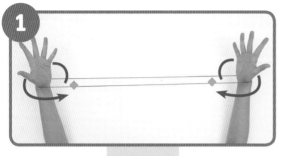

양쪽 손목에 실을 걸고, 먼저 왼손 손목에
◆를 한 바퀴 감는다.

2

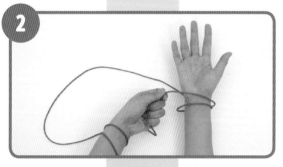

마찬가지로 오른손 손목에도 실을 한 바퀴 감는다.

3

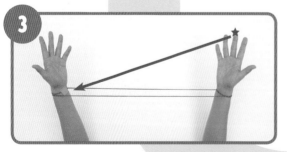

오른손 가운뎃손가락으로 ◆를 건다.

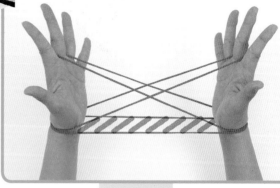

4의 걸고 있는 모습

4

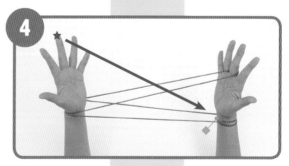

왼손 가운뎃손가락으로 ◆를 건다.

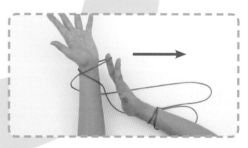

3의 걸고 있는 모습

시냇물

완성!

졸졸 시냇물을 완성했어요!

1

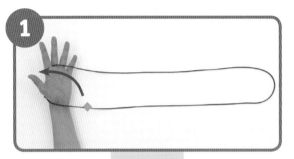

왼손 집게손가락과 엄지손가락에 실을 걸고,
엄지손가락에 ◆ 를 한 바퀴 감는다.

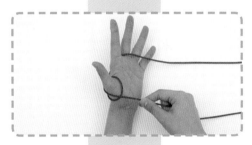

❶ 의 감고 있는 모습

2

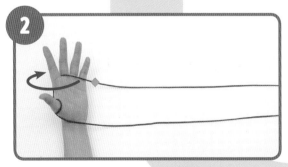

집게손가락에 ◆ 를 한 바퀴 감는다.

3

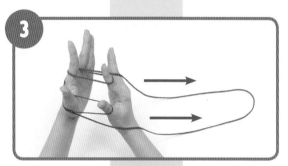

왼손 엄지손가락과 집게손가락에 감은 실 고리의
아래쪽에서 오른손 엄지손가락과 집게손가락을
각각 넣어 실을 옆으로 잡아당긴다.

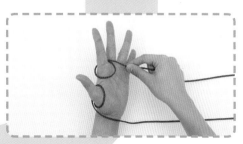

❷ 의 감고 있는 모습

대문

완성!

대문 사이로 지나가요!

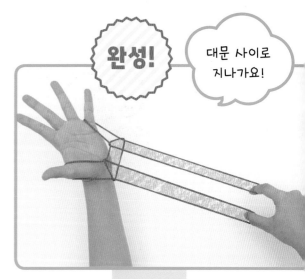

1

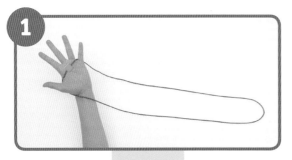

실을 왼손 엄지손가락과 새끼손가락에 걸고, 오른손으로 ◆를 잡아당긴다.

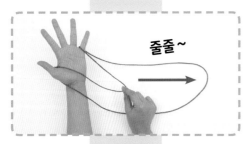

줄줄~

❶의 잡아당기고 있는 모습

2

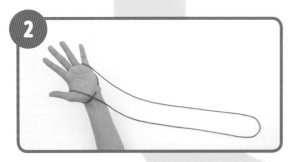

오른손으로 한 번 더 ◆를 잡아 당긴다.

줄줄줄~

천천히 당기면……

4

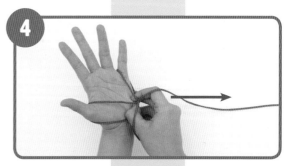

손끝으로 실을 잡고 그대로 오른손을 바깥쪽으로 당긴다.

3

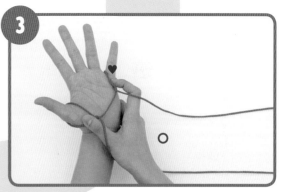

오른손을 ◯ 안에 넣어 엄지손가락으로
◆를, 집게손가락으로 ♥를 건다.

고무줄

완성!

늘어나고 줄어드는 고무줄 완성!

\짜~잔!/

1

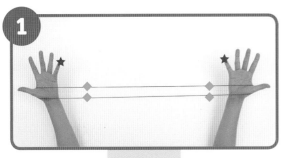

양쪽 엄지손가락에 실을 걸고, 새끼손가락으로
◆ 두 가닥을 건다.

❶ 의 걸고 있는 모습

2

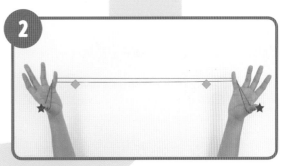

양쪽 엄지손가락으로 ◆ 를 건다.

이렇게 놀아요!

→ 쏘~옥 줄어드네! ←

양쪽 엄지손가락과 새끼손가락을 벌려 보자.

← 쭈~욱 늘어나네! →

양쪽 엄지손가락과 새끼손가락을 오므려 보자.

나비

▶ 동영상으로 배워요.

1

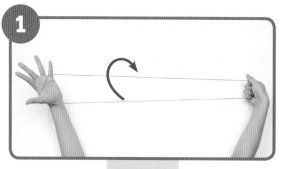

왼손 엄지손가락과 새끼손가락에 실을 걸고,
반대쪽 실은 오른손으로 잡는다.
그리고 실을 화살표 방향으로 한 번 꼰다.

2

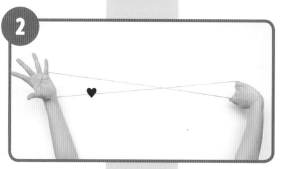

♥가 위로 오도록 했으면 오른손 엄지손가락과
새끼손가락에도 실을 건다.

3

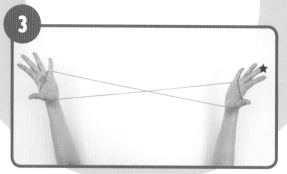

오른손 가운뎃손가락으로 ◆를 걸어 당긴다.

4

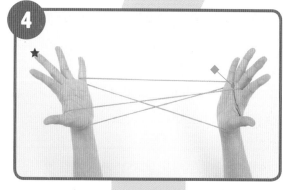

왼손 가운뎃손가락으로 ◆를 걸어 당긴다.

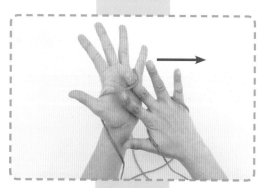

❸의 걸고 있는 모습

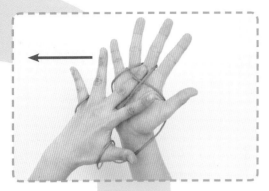

④ 의 걸고 있는 모습

5

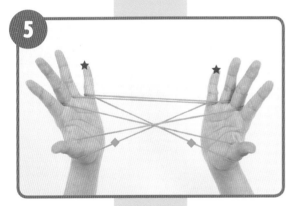

새끼손가락으로 다른 실의 위쪽에서
◆ 를 걸어 당긴다.

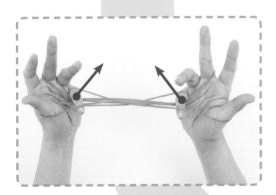

⑤ 의 걸고 있는 모습

완성!

팔랑팔랑
나비예요!

ㅎ 뒤집기

6

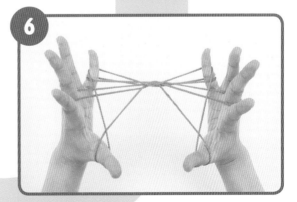

양쪽 손목을 반대쪽으로 뒤집는다.

15

산

1

양쪽 새끼손가락에 실을 걸고, 오른손 새끼손가락을
아래로 두 바퀴 돌려 실을 꼰다.

❶ 의 꼬고 있는 모습

2

양쪽 엄지손가락으로 실의 아래쪽에서 ◆ 를 건다.

3

오른손 가운뎃손가락으로 ◆ 를 건다.

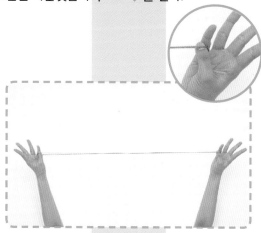

❷ 의 걸고 있는 모습

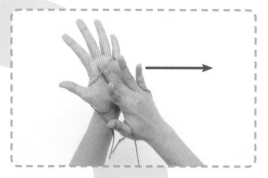

❸ 의 걸고 있는 모습

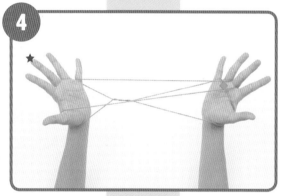

왼손 가운뎃손가락으로 ◆ 를 건다.

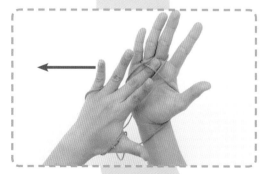

❹ 의 걸고 있는 모습

완성!

눈이 내린 산 완성!

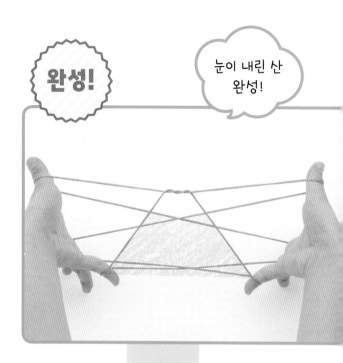

뒤집기

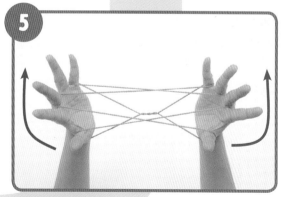

양쪽 손목을 반대쪽으로 뒤집는다.

작살

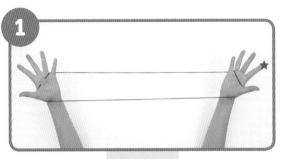

1

양쪽 엄지손가락과 새끼손가락에 실을 걸고,
오른손 집게손가락으로 ◆ 를 걸어 4~5바퀴 감는다.

2 의 걸고 있는 모습

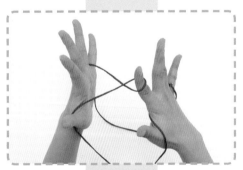

1 의 걸고 있는 모습

뱅뱅

뱅뱅

2

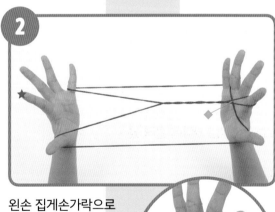

왼손 집게손가락으로
◆ 를 건다.

오른손 엄지손가락에 걸려 있는 ▲를 풀어 준다.

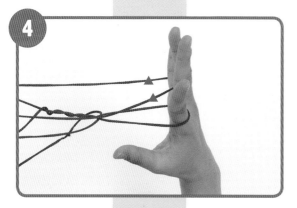

오른손 새끼손가락에 걸려 있는 ▲를 풀어 준다.

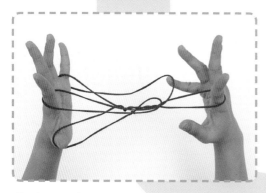

④ 의 풀고 있는 모습

완성!

물고기를 잡는 작살이에요!

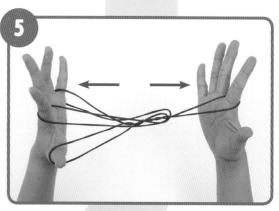

양손을 화살표 방향으로 당긴다.

19

별

▶ 동영상으로
배워요.

양쪽 엄지손가락과 새끼손가락에 실을 걸고,
양손에 ◆를 화살표 방향으로 한 번씩 감는다.

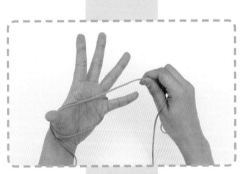

❶ 의 왼손에 감고 있는 모습

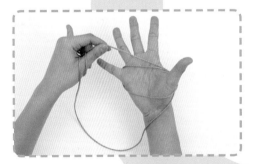

❶ 의 오른손에 감고 있는 모습

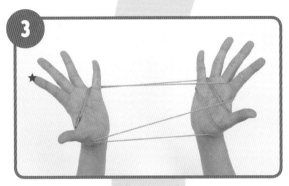

왼손 집게손가락으로 ◆를 건다.

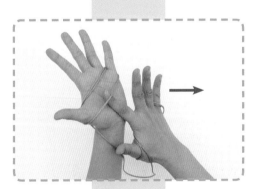

❷ 의 걸고 있는 모습

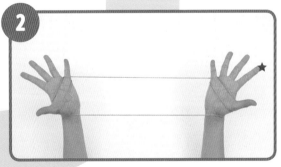

오른손 집게손가락으로 ◆를 건다.

완성!

반짝반짝 별!

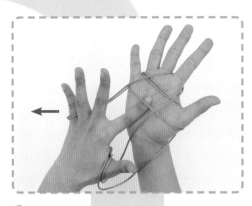

❸ 의 걸고 있는 모습

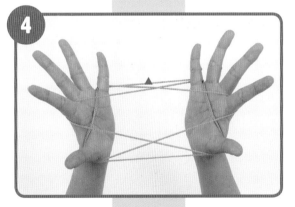

새끼손가락에 걸려 있는 ▲를 풀어 준다.

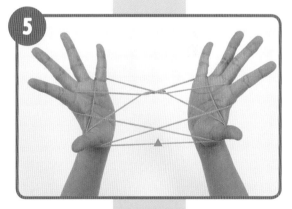

엄지손가락에 걸려 있는 ▲를 풀면서
양손 손가락을 짝 벌린다.

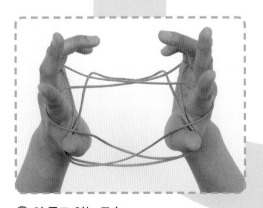

❹ 의 풀고 있는 모습

21

빗자루

▶ 동영상으로
배워요.

1

양쪽 엄지손가락과 새끼손가락에 실을 걸고,
오른손 가운뎃손가락으로 ◆ 를 건다.

3

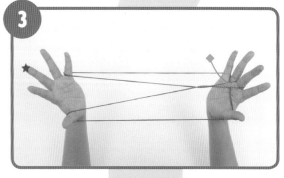

왼손 가운뎃손가락으로 ◆ 를 건다.

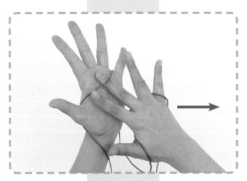

❶ 의 걸고 있는 모습

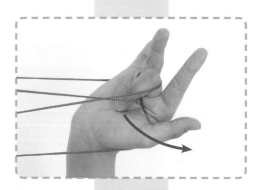

❷ 의 걸고 있는 모습. 실이 한 번 꼬인다.

2

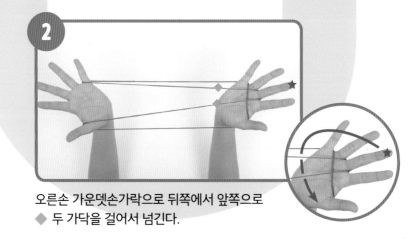

오른손 가운뎃손가락으로 뒤쪽에서 앞쪽으로
◆ 두 가닥을 걸어서 넘긴다.

완성!

하늘을 나는
빗자루 완성!

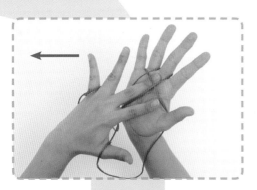

❸ 의 걸고 있는 모습

❹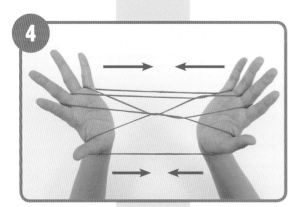

양손을 마주친다.

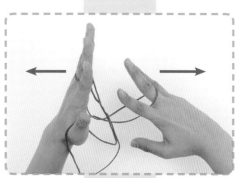

❺ 의 풀고 있는 모습

❺

짝!

오른손 엄지손가락과 새끼손가락에 걸려 있는
실을 풀어 주면서 양손을 벌린다.

에펠 탑

1

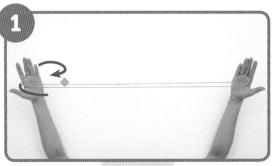

엄지손가락을 뺀 양쪽 네 손가락에
손등 쪽으로 실을 걸고 왼손에 ◆를 한 바퀴 감는다.

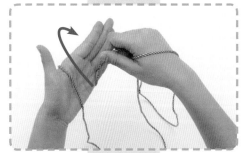

❶의 감고 있는 모습

2

오른손에도 ◆를 한 바퀴 감는다.

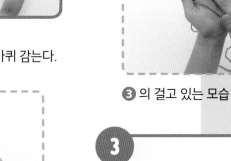

❸의 걸고 있는 모습

3

오른손 집게손가락으로 왼손의 ◆를 건다.

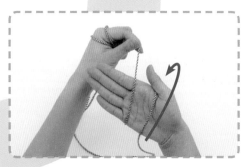

❷의 감고 있는 모습

24

4

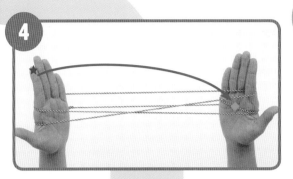

왼손 집게손가락으로 오른손의 ◆ 를 건다.

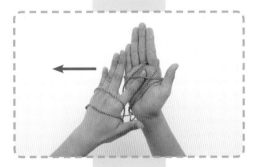

❹ 의 걸고 있는 모습

와,
에펠 탑이다!

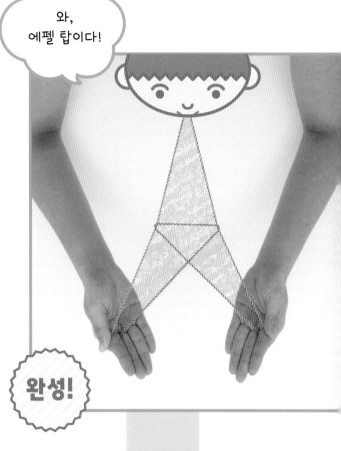

완성!

5

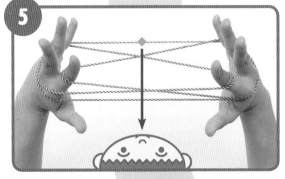

다른 실 위쪽에서 ◆ 를 입에 물고
몸 쪽으로 당긴다.

6

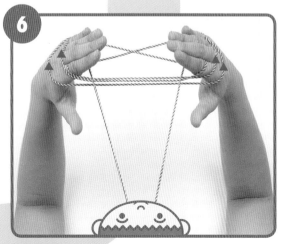

양쪽 집게손가락에 건 실은 잡고 나머지 실
▲ 를 모두 풀어 준다.

다이아몬드

1 가운뎃손가락 준비 모양

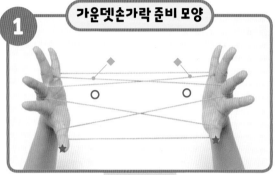

〈가운뎃손가락 준비 모양〉에서 시작. 엄지손가락을
위쪽에서 ○ 안에 넣어 ◆를 몸 쪽으로 당긴다.

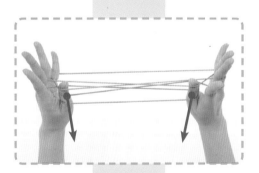

❶의 당기고 있는 모습

2

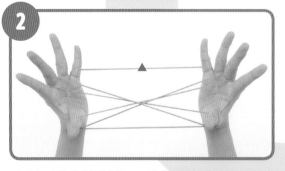

새끼손가락에 걸려 있는 ▲를 풀어 준다.

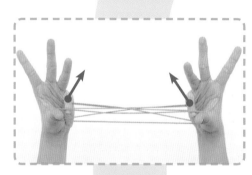

❸의 걸고 있는 모습

3

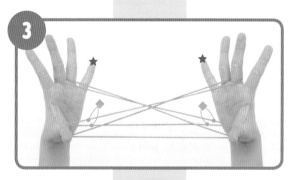

새끼손가락으로 엄지손가락에 걸려 있는
◆ 두 가닥을 건다.

4

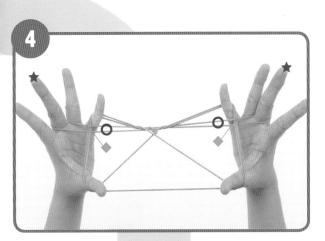

가운뎃손가락을 위쪽에서 ◯ 안에 넣어
◆ 두 가닥을 잡는다.

5

가운뎃손가락을 앞으로 세우면서 엄지손가락에
걸려 있는 ▲ 두 가닥을 풀어 준다.

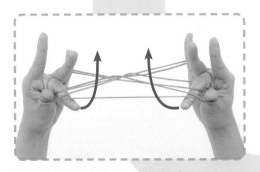

가운뎃손가락을 앞으로 세우면서
풀고 있는 모습

완성!

반짝반짝
다이아몬드!

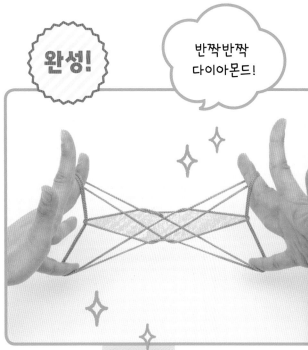

6

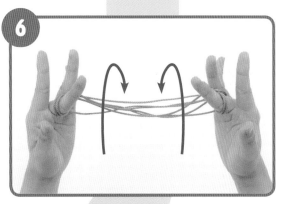

손을 화살표 방향으로 돌리면서 손가락을 쫙 편다.

외봉우리 산 · 쌍봉우리 산

 ▶ 동영상으로 배워요.

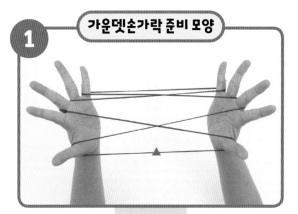

1

가운뎃손가락 준비 모양

〈가운뎃손가락 준비 모양〉에서 시작.
엄지손가락에 걸려 있는 ▲를 풀어 준다.

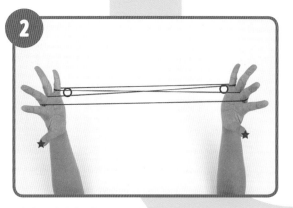

2

엄지손가락을 아래쪽에서 ○ 안에 넣고,
손등이 위로 오게 돌린다.

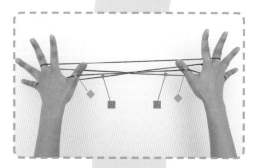

③ 의 걸고 있는 모습

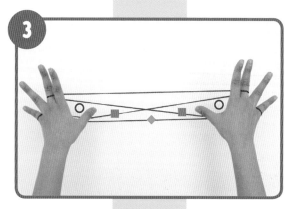

3

엄지손가락으로 ■를
아래로 눌러 내리면서 ◆를 건다.

4

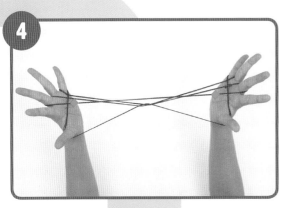

엄지손가락을 ◆에 얹는다.

5

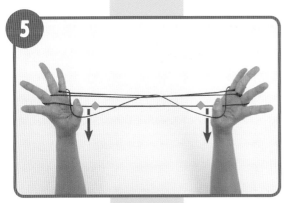

엄지손가락을 ◆에 얹은 채로 아래로 내려 벌린다.

완성! **외봉우리 산**

집게손가락을 실 뒤쪽으로 감아 ○안에 넣는다.

완성! **쌍봉우리 산**

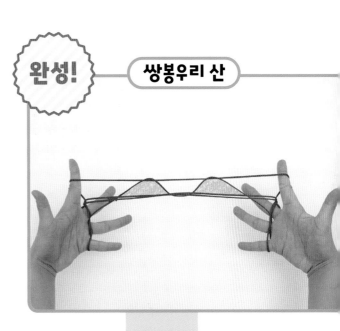

6

엄지손가락의 실을 풀어 주고,
집게손가락으로 ◆를 화살표 방향으로 걸어 올린다.

물고기

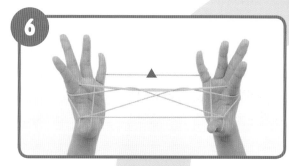

6

새끼손가락에 걸려 있는 ▲를 풀어 준다.

1 집게손가락 준비 모양

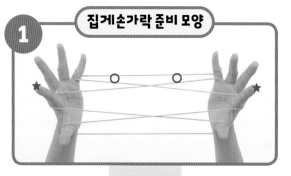

〈집게손가락 준비 모양〉에서 시작.
집게손가락을 위쪽에서 ○ 안에 넣는다.

5

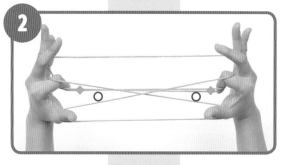

엄지손가락에 걸려 있는 ▲를 풀어 준다.

2

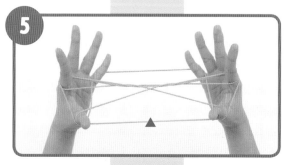

◆ 두 가닥을 건져 올리듯이 집게손가락을
○ 안으로 빼낸다.

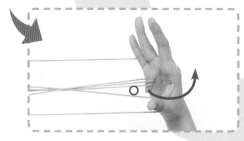

집게손가락을 앞쪽으로 올리듯이 세운다.

4

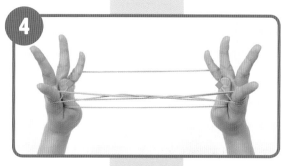

엄지손가락으로 ◆를 몸 쪽으로 걸어 당긴다.

3

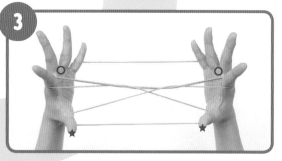

엄지손가락을 아래쪽에서 ○ 안에 넣는다.

7

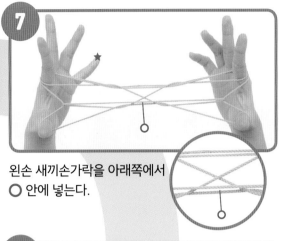

왼손 새끼손가락을 아래쪽에서
○ 안에 넣는다.

완성!

파닥파닥
물고기예요!

8

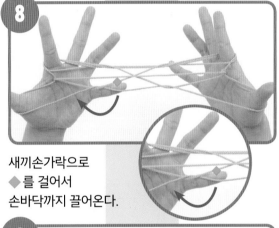

새끼손가락으로
◆ 를 걸어서
손바닥까지 끌어온다.

12

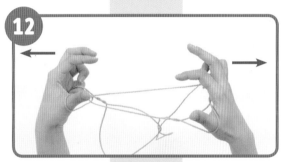

양손을 바깥쪽으로 돌려서 실을 옆으로 당긴다.

9

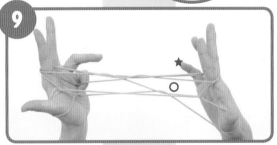

오른손 새끼손가락을 아래쪽에서
○ 안에 넣는다.

⑪ 의 풀고 있는 모습

10

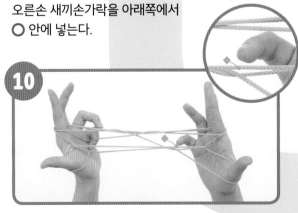

새끼손가락으로 ◆ 를 걸어서 손바닥까지 끌어온다.

11

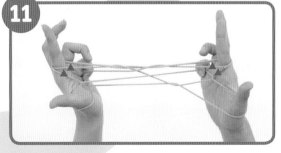

양쪽 집게손가락에 걸려 있는 ▲ 를 풀면서…….

잠자리

1

실을 긴 타원 모양으로 만든다.
양손을 위쪽에서 ◯ 안에 넣는다.

2

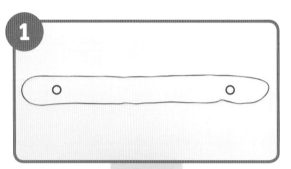

엄지손가락과 새끼손가락에 실을 걸고,
손바닥이 위로 향하게 돌린다.

3

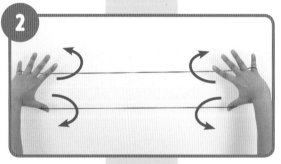

엄지손가락과 새끼손가락 끝을 맞닿게 붙인다.

4

엄지손가락에 걸려 있는 실을
새끼손가락으로 옮긴다.

5

엄지손가락으로 ◆ 를 건다.

6

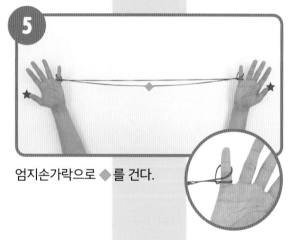

오른손 가운뎃손가락으로 ◆ 를 건다.

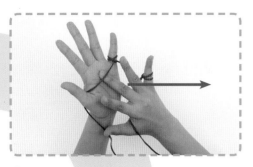

6 의 걸고 있는 모습

완성!

윙윙,
잠자리예요!

7

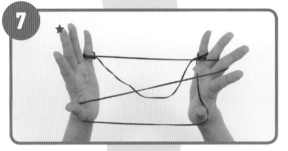

왼손 가운뎃손가락으로 ◆ 를 건다.

9

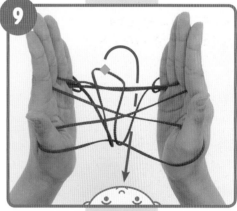

돌려 감은 ◆ 를 다른 실들
아래에서 입으로 문다.
그리고 실이 걸려 있는 손가락들을 쫙 편다.

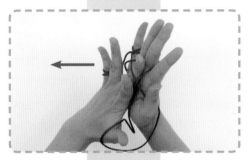

7 의 걸고 있는 모습

8

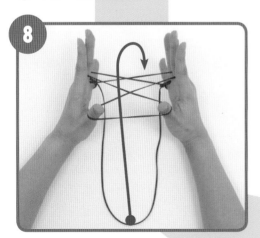

양손을 가까이 모으고, 늘어진 실을
다른 실들 위로 넘겨 한 바퀴 돌려 감는다.

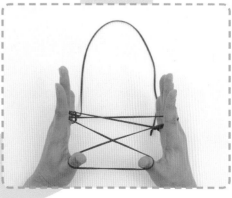

8 의 돌려 감는 모습

나팔꽃

1

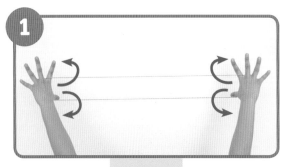

실 안에 엄지손가락과 집게손가락을 위쪽에서 넣어 실을 걸고, 손바닥이 위로 향하게 바깥쪽으로 돌린다.

2

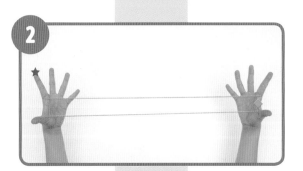

왼손 집게손가락으로 위쪽에서 ◆를 걸고,
손가락에 한 바퀴 돌려서 왼쪽으로 당긴다.

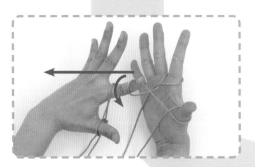

❷ 의 한 바퀴 돌리고 있는 모습

4

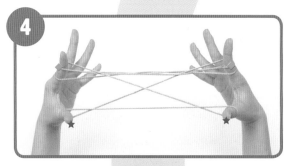

양쪽 엄지손가락으로 ◆를 건다.

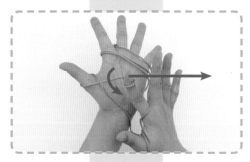

❸ 의 한 바퀴 돌리고 있는 모습

3

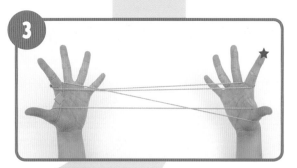

오른손 집게손가락으로 위쪽에서 ◆를 걸고
손가락에 한 바퀴 돌려서 오른쪽으로 당긴다.

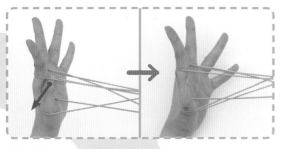

④ 의 걸고 있는 모습

완성!

뿌우뿌우,
나팔꽃입니다!

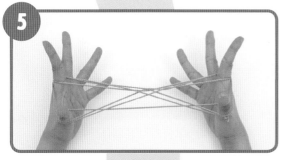

그대로 양손을 뒤집어 손가락 끝이 아래로 향하게 한다.

뒤집기

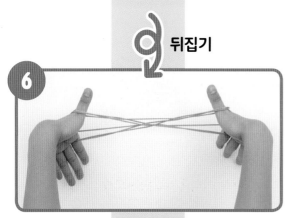

실을 손가락에서 살며시 빼내 바닥에 놓는다.

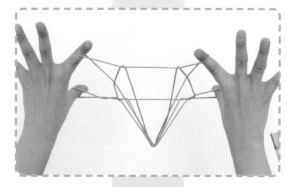

점점 벌려 가면……

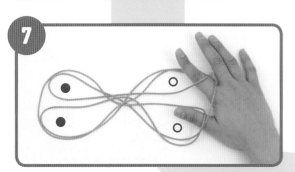

오른손 엄지손가락과 집게손가락을 아래쪽에서
○ 안에 넣는다. 마찬가지로 왼손 엄지손가락과
집게손가락을 아래쪽에서 ● 안에 넣는다.

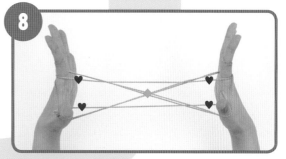

◆ 를 입에 물고서 양쪽 엄지손가락과 집게손가락으로
♥ 를 건 다음 손가락을 벌린다.

유령

가운뎃손가락 준비 모양

〈가운뎃손가락 준비 모양〉에서 시작. 엄지손가락으로 다른 실의 위쪽에서 ◆ 를 걸어 당긴다.

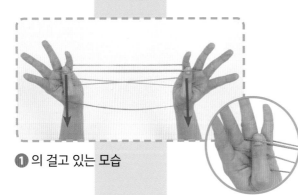

❶ 의 걸고 있는 모습

2
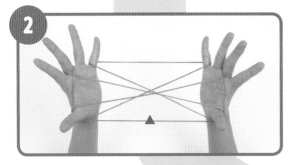

엄지손가락에 걸려 있는 ▲ 를 풀어 준다.

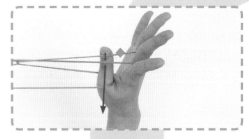

❹ 의 걸고 있는 모습

4
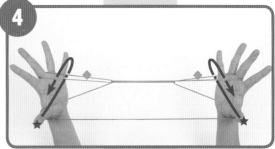

실 아래쪽에서 엄지손가락의 등 부분으로 ◆ 를 걸어 앞으로 끌어당긴다.

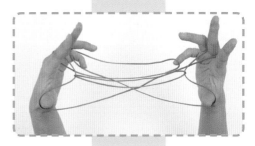

❸ 의 풀고 있는 모습

3
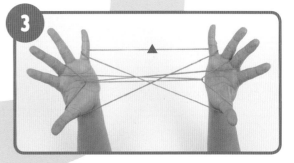

새끼손가락에 걸려 있는 ▲ 를 풀어 준다.

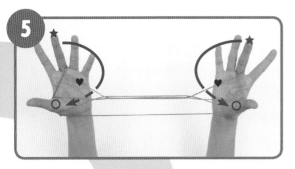

가운뎃손가락을 ♥와 ◆의 아래쪽을 지나
○ 안에 넣어 ◆를 걸어 올린다.

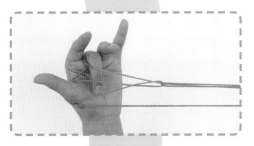

❺의 걸고 있는 모습. 가운뎃손가락에 걸려
있던 실은 자연스럽게 풀린다.

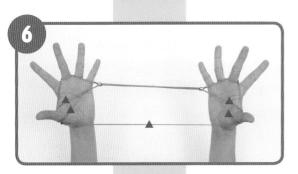

엄지손가락에 걸려 있는 ▲를 모두 풀어 준다.

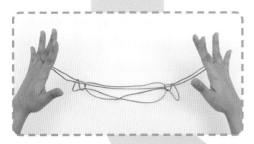

❻의 풀고 있는 모습

완성!

둥둥
떠다니는
유령!

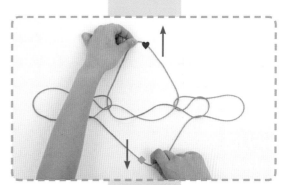

모양을 잡는 모습

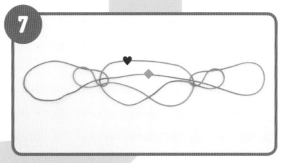

실을 손가락에서 살며시 빼내 바닥에 놓고, ♥가 머리,
◆가 꼬리가 되도록 실을 당기면서 모양을 잡는다.

37

소금쟁이

1

가운뎃손가락 준비 모양

〈가운뎃손가락 준비 모양〉에서 시작. 엄지손가락으로
다른 실 위쪽에서 ◆를 건다.

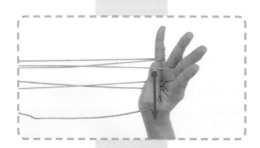

❶ 의 걸고 있는 모습

2

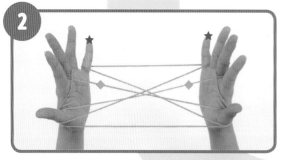

새끼손가락으로 다른 실 위쪽에서 ◆를 건다.

4

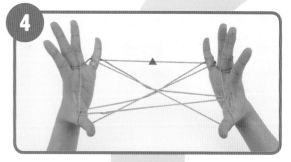

새끼손가락에 걸려 있는 ▲를 풀어 준다.

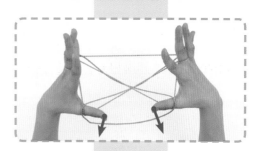

❸ 의 풀고 있는 모습

3

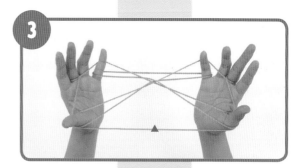

엄지손가락에 걸려 있는 ▲를 풀어 준다.

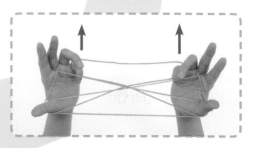

❷ 의 걸고 있는 모습

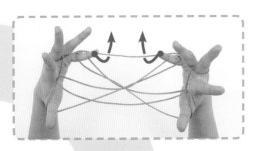

④ 의 풀고 있는 모습

완성!

사뿐사뿐
물 위를 걷는
소금쟁이예요!

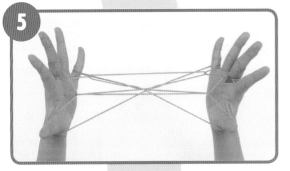

오른손 가운뎃손가락에 걸려 있는 ▲를 풀어 준다.

⑤ 의 풀고 있는 모습

양손을 화살표 방향으로 벌린다.

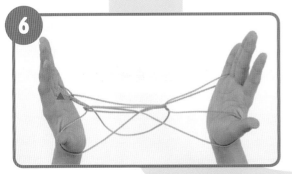

왼손 가운뎃손가락에 걸려 있는 ▲를 풀어 준다.

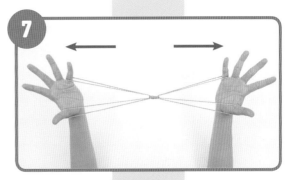

⑥ 의 풀고 있는 모습

토끼

1 집게손가락 준비 모양

〈집게손가락 준비 모양〉에서 시작.
엄지손가락과 집게손가락 끝을 맞붙인다.

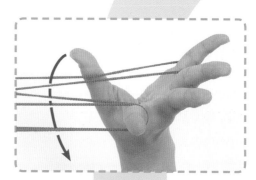

❸ 의 걸고 있는 모습

2

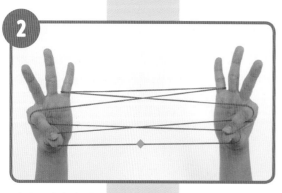

엄지손가락에 걸려 있는 ◆ 를
집게손가락으로 옮긴다.

3

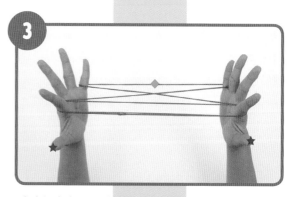

엄지손가락으로 아래쪽에서 ◆ 를 건다.

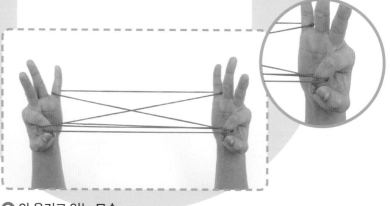

❷ 의 옮기고 있는 모습

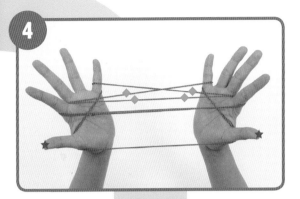

엄지손가락으로 위쪽에서 ◆ 두 가닥을 건다.

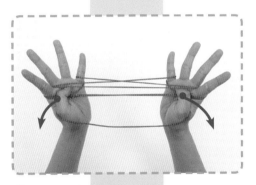

❹ 의 걸고 있는 모습

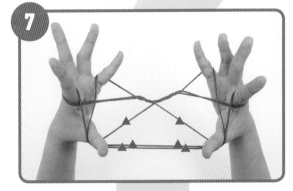

엄지손가락에 걸려 있는 ▲ 세 가닥을 풀어 준다.

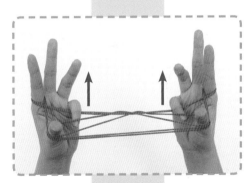

❻ 의 걸고 있는 모습

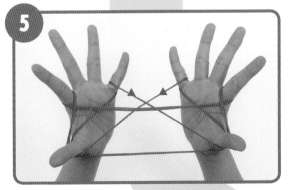

새끼손가락에 걸려 있는 ▲를 풀어 준다.

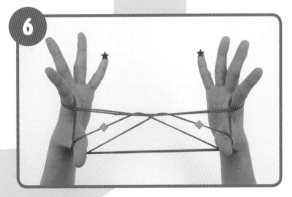

새끼손가락으로 위쪽에서 ◆를 건다.

41

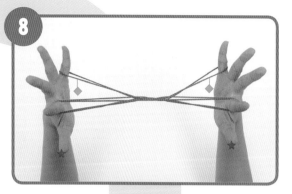

8

엄지손가락으로 위쪽에서 ◆ 를 건다.

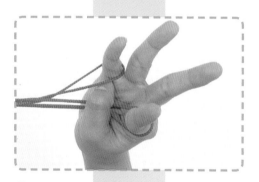

❽ 의 걸고 있는 모습

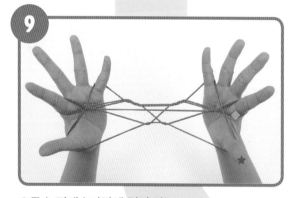

9

오른손 집게손가락에 걸려 있는
◆ 두 가닥을 엄지손가락에도 같이 걸어 준다.

❿ 의 걸고 있는 모습

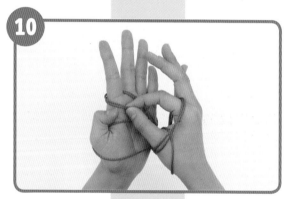

10

왼손도 마찬가지로 집게손가락에 걸려 있는
실 두 가닥을 엄지손가락에도 같이 걸어 준다.

❾ 의 걸고 있는 모습

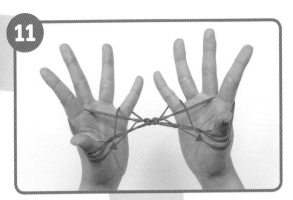

엄지손가락에 걸려 있는 ▲를 바깥쪽으로
풀어 준다.

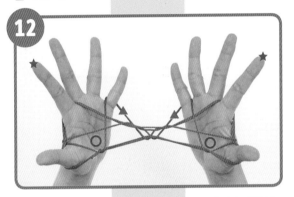

집게손가락을 위쪽에서 ○ 안에 넣고, 새끼손가락에
걸려 있는 ▲를 풀어 준다.

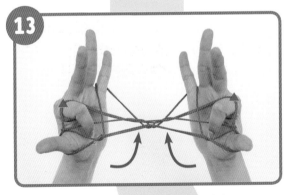

집게손가락에 걸려 있는 ▲를 풀어 주면서
집게손가락을 세운다.

완성!

귀가 쫑긋,
귀여운
토끼예요!

▶ 동영상으로
배워요.

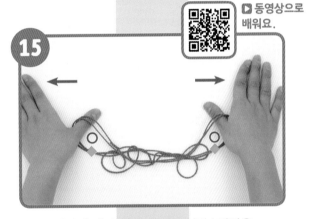

엄지손가락에 걸려 있는 ○ 안에 엄지손가락을
뺀 나머지 손가락을 모두 넣어 ◆를 쥐고서
옆으로 쭉쭉 벌리며 모양을 잡는다.

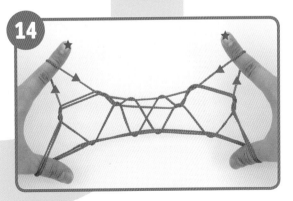

집게손가락에 걸려 있는 ▲를 풀어 준다.

꽃바구니

난이도 어려움

실 길이 긴 실 ∞

1

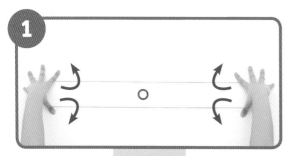

○ 안에 양쪽 엄지손가락과 집게손가락을
위쪽에서 넣고, 손바닥을 위로 향한다.

2

오른손 집게손가락으로 위쪽에서
◆를 걸어 한 바퀴 감는다.

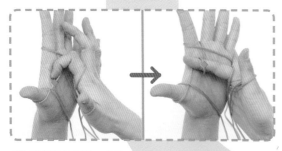

❷ 의 걸어서 감고 있는 모습

4

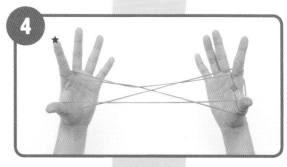

❷ 와 마찬가지로 왼손 집게손가락으로 위쪽에서
◆를 걸어 한 바퀴 감는다.

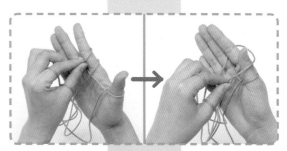

❸ 의 잡아서 걸고 있는 모습

3

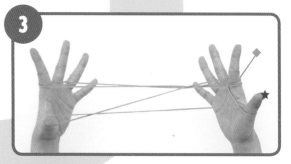

오른손 집게손가락에 걸려 있는 ◆를 왼손으로
잡아서 오른손 엄지손가락에도 건다.

44

완성!

예쁜
꽃바구니예요!

5

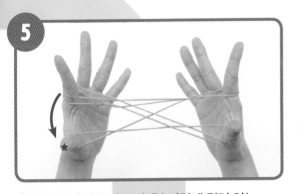

❸ 과 마찬가지로 왼손 집게손가락에 걸려 있는
◆ 를 오른손으로 잡아서 왼손 엄지손가락에도 건다.

6

모양이 흐트러지지 않게 실을 손가락에서
살살 빼내 바닥에 놓는다.

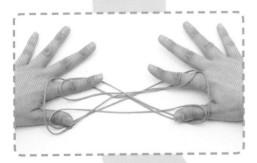

❻ 의 놓고 있는 모습

8

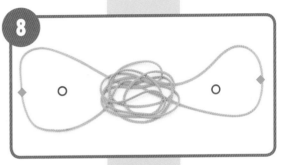

양쪽 ○ 안을 통과하도록 집게손가락으로
◆ 를 걸어 살며시 들어 올린다.

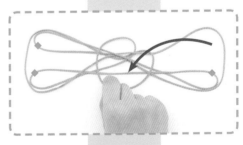

❼ 의 접고 있는 모습

7

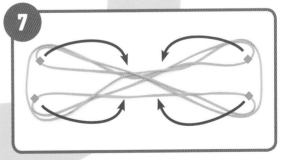

◆ 를 가운데 모이도록 접는다.

달팽이

▶ 동영상으로
배워요.

1 집게손가락 준비 모양

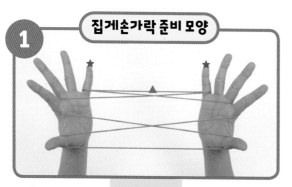

〈집게손가락 준비 모양〉에서 시작. 새끼손가락에
걸려 있는 ▲를 풀어서 아래로 늘어뜨린다.

2

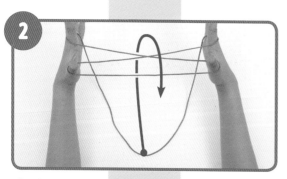

양손을 크게 흔들어 늘어진 실을 앞쪽으로
6~7바퀴 빙그르르 돌려 감는다.

3

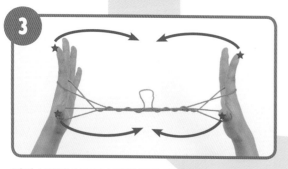

엄지손가락과 집게손가락 끝을 맞붙인다.

5의 다시 걸고 있는 모습

5

오른손 집게손가락에 ◆를, 엄지손가락에
♥를 다시 건다.

4

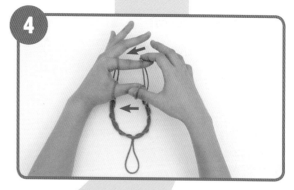

오른손 엄지손가락과 집게손가락의 실을
왼손 엄지손가락과 집게손가락으로 옮긴다.

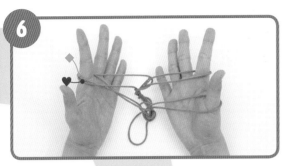

6

오른손을 이용해 왼손에서 ◆ 와 ♥를 풀어서 왼손
엄지손가락에 ♥를, 집게손가락에 ◆ 를 다시 건다.

6 의 풀고 있는 모습

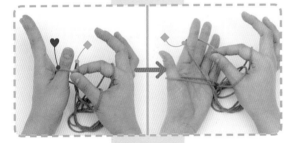

6 의 다시 걸고 있는 모습

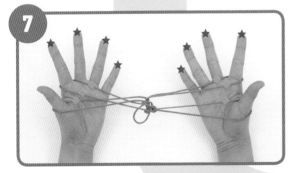

7

양손을 펴고, 엄지손가락을 뺀 나머지
손가락으로 ◆ 를 모두 쥔다.

완성!

느릿느릿
달팽이예요!

뒤집기

10

손등이 위로 향하도록 양손을 뒤집는다.

9

소용돌이가 생기면 양쪽 엄지손가락을 뺀 나머지
네 손가락으로 ◆ 를 모두 쥔다.

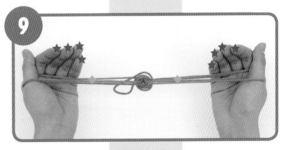

8

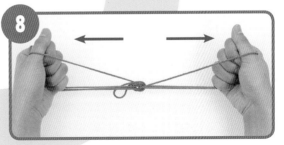

양옆으로 당겨서 한가운데에 소용돌이 모양을 만든다.

바나나

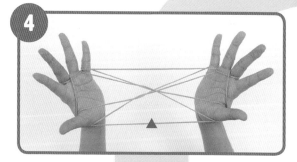

4

엄지손가락에 걸려 있는 ▲를 풀어 준다.

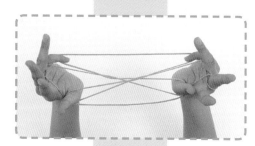

❸ 의 풀고 있는 모습

1 가운뎃손가락 준비 모양

〈가운뎃손가락 준비 모양〉에서 시작.
엄지손가락으로 위쪽에서 ◆를 건다.

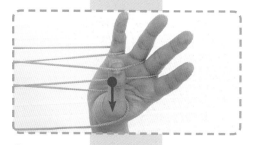

❶ 의 걸고 있는 모습

3

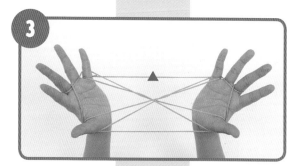

새끼손가락에 걸려 있는 ▲를 풀어 준다.

2

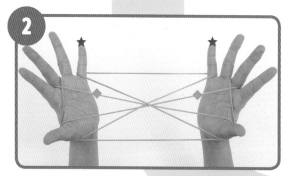

새끼손가락으로 위쪽에서 ◆를 건다.

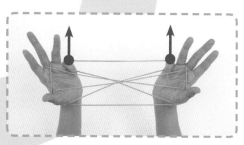

❷ 의 걸고 있는 모습

48

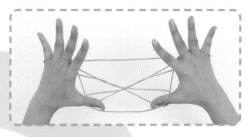

④ 의 풀고 있는 모습

5

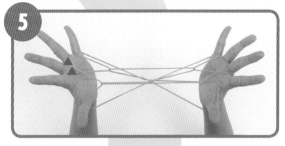

왼손 가운뎃손가락에 걸려 있는 ▲를 오른손을
이용해 풀어 준다.

⑤ 의 풀고 있는 모습

6

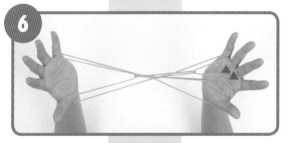

오른손 가운뎃손가락에 걸려 있는 ▲를 왼손을
이용해 풀어 준다.

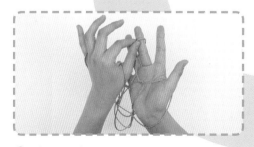

⑥ 의 풀고 있는 모습

달콤한
바나나예요!

완성!

9

모양을 다듬는다.

8

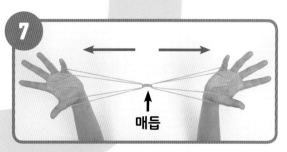

실을 손가락에서 살며시 빼내 바닥에 놓는다.
한가운데 매듭 부분을 잡고 들어 올려 네 개의
동그라미가 한쪽으로 나란히 놓이게 만든다.

7

← →

↑
매듭

양손을 옆으로 벌려 한가운데에 매듭을 만든다.

연

1 가운뎃손가락 준비 모양

〈가운뎃손가락 준비 모양〉에서 시작.
엄지손가락으로 ◆ 를 건다.

2

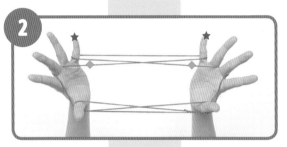

새끼손가락으로 ◆ 를 건다.

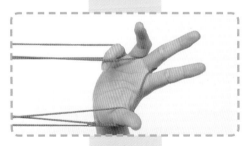

② 의 걸고 있는 모습

3

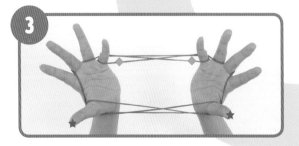

엄지손가락으로 ◆ 를 건다.

6

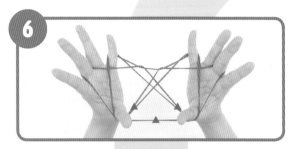

엄지손가락에 걸려 있는 ▲ 를 모두 풀어 준다.

5

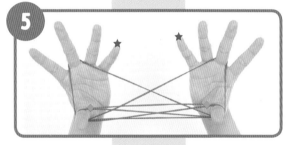

새끼손가락으로 위에서 ◆ 두 가닥을 건다.

4

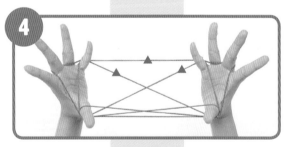

새끼손가락에 걸려 있는 ▲ 를 모두 풀어 준다.

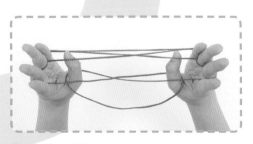

③ 의 걸고 있는 모습

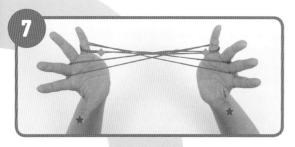

엄지손가락으로 위에서 ◆ 두 가닥을 건다.

7 의 걸고 있는 모습

완성!

아싸!
하늘을
나는 연!

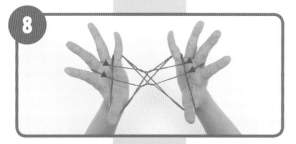

가운뎃손가락에 걸려 있는 ▲를 풀어 준다.

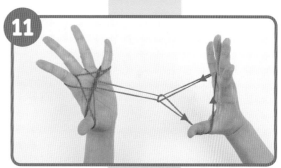

오른손에 걸려 있는 ▲를 모두 풀면서 아래로
잡아당긴다.

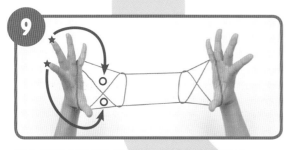

왼손 집게손가락과 가운뎃손가락을 위쪽에서
○ 안에 각각 넣는다.

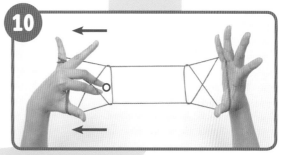

왼손 집게손가락과 가운뎃손가락을 세우듯이
○ 안으로 빼내 화살표 방향으로 당긴다.

모기

1

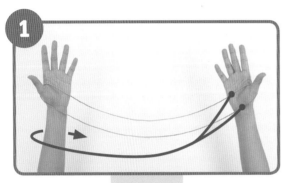

양쪽 엄지손가락에 실을 걸고, 오른손에 걸려 있는
실을 왼손에 한 바퀴 감는다.

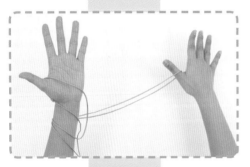

❶ 의 감고 있는 모습

2

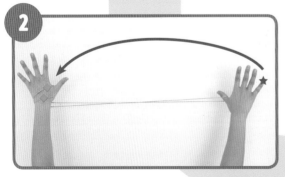

왼손 손등이 보이도록 뒤집고, 오른손 새끼손가락으로
◆ 두 가닥을 위쪽에서 걸어 당긴다.

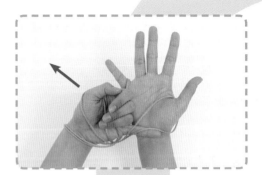

❸ 의 걸고 있는 모습

3

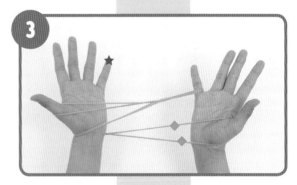

왼손 새끼손가락으로 오른손 엄지손가락에
걸려 있는 ◆ 두 가닥을 위쪽에서 건다.

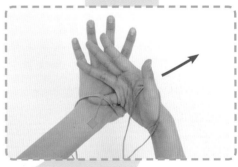

❷ 의 걸고 있는 모습

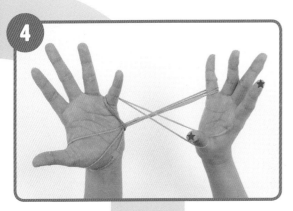

4

오른손 엄지손가락과 집게손가락으로
◆ 두 가닥을 잡는다.

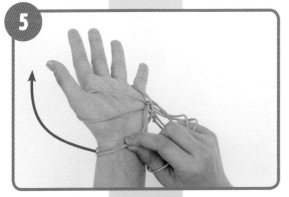

5

왼손 손목에서 ◆ 두 가닥을 벗겨 낸다.

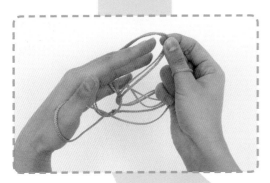

⑤ 의 벗겨 내고 있는 모습

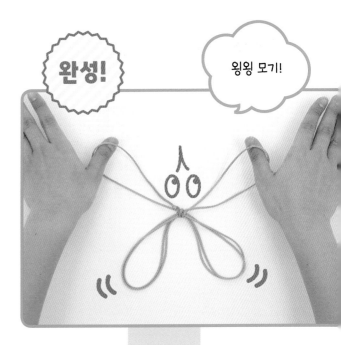

완성!

윙윙 모기!

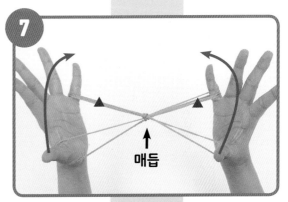

7

매듭

새끼손가락에 걸려 있는 ▲를 모두 풀어 주고,
손등이 위로 오게 손을 반대쪽으로 돌린다.

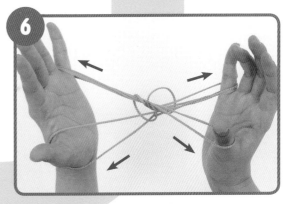

6

양손을 벌려 당겨서 한가운데에 매듭을 만든다.

거북이

▶ 동영상으로
배워요.

4

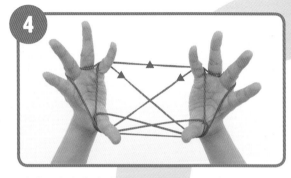

새끼손가락에 걸려 있는 ▲를 모두 풀어 준다.

③ 의 걸고 있는 모습

3

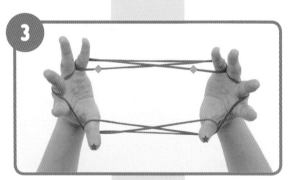

엄지손가락으로 ◆를 건다.

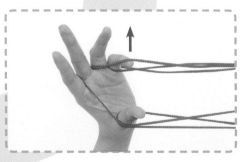

② 의 걸고 있는 모습

1

가운뎃손가락 준비 모양

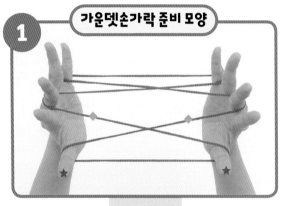

〈가운뎃손가락 준비 모양〉에서 시작.
엄지손가락으로 ◆를 건다.

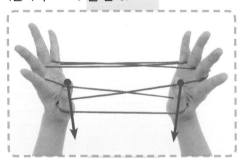

① 의 걸고 있는 모습

2

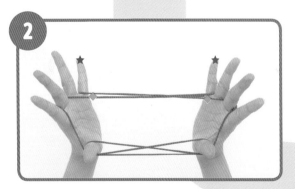

새끼손가락으로 ◆를 건다.

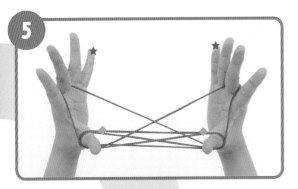

새끼손가락으로 ◆ 두 가닥을 건다.

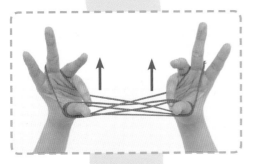

5 의 걸고 있는 모습

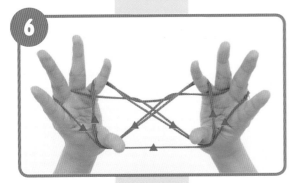

엄지손가락에 걸려 있는 ▲를 모두 풀어 준다.

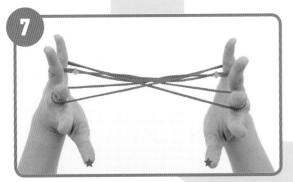

엄지손가락으로 ◆ 두 가닥을 건다.

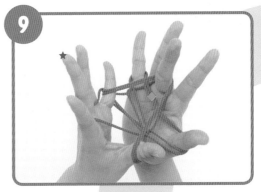

왼손 가운뎃손가락으로 ◆ 두 가닥을 건다.

8 의 걸고 있는 모습

오른손 가운뎃손가락으로 ◆ 두 가닥을 건다.

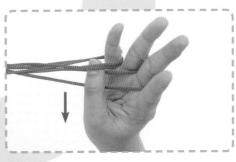

7 의 걸고 있는 모습

55

완성!

엉금엉금 거북이예요!

10

가운뎃손가락을 ◯ 안에 넣어 ▲를 풀어 준다.

다른 실을 풀지 않도록 조심!

11

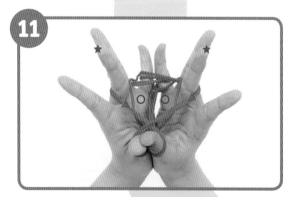

가운뎃손가락을 ◯ 안에 넣어 ▲를 풀어 준다.

12

가운뎃손가락으로 실을 양옆으로 당긴다.

⓫의 풀고 있는 모습

난이도 어려움

실 길이 긴 실 ∞

나비 2

1 〈집게손가락 준비 모양〉

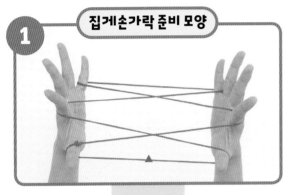

〈집게손가락 준비 모양〉에서 시작.
엄지손가락에 걸려 있는 ▲를 풀어 준다.

2

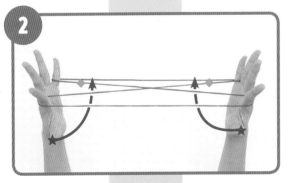

엄지손가락으로 아래쪽에서 ◆를 건다.

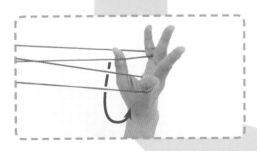

❷의 걸고 있는 모습

5 뱅글뱅글

화살표 방향으로 뱅글뱅글 4~5번 감는다.

4

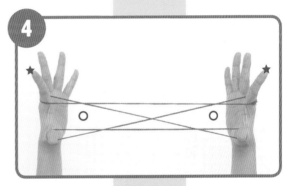

양쪽 집게손가락을 각각 ○ 안에 넣어
실 두 가닥을 집게손가락에 감는다.

3

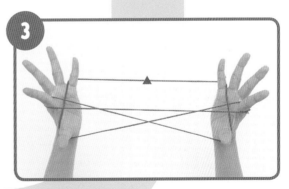

새끼손가락에 걸려 있는 ▲를 풀어 준다.

6

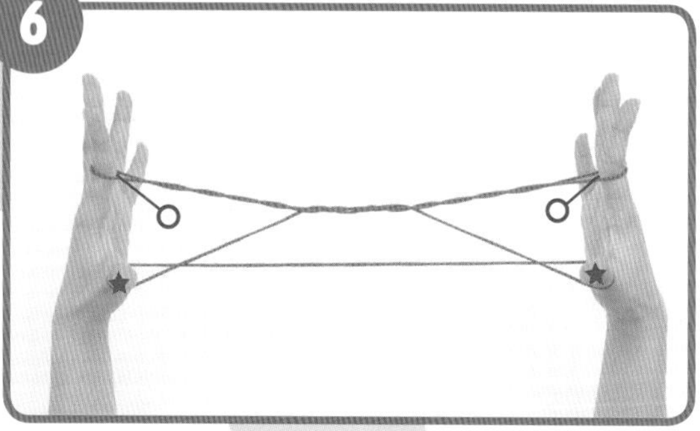

집게손가락에 걸려 있는 ○ 안에 아래쪽에서 엄지손가락을 넣는다.

7

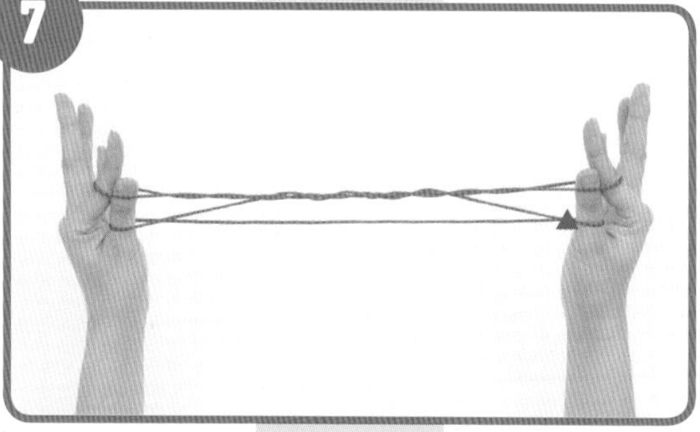

오른손 엄지손가락에 걸려 있는 △를 엄지손가락 위로 빼낸다.

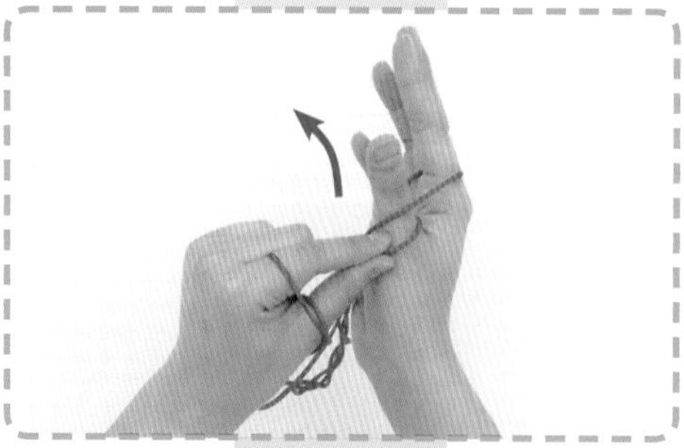

⑦ 의 빼내고 있는 모습

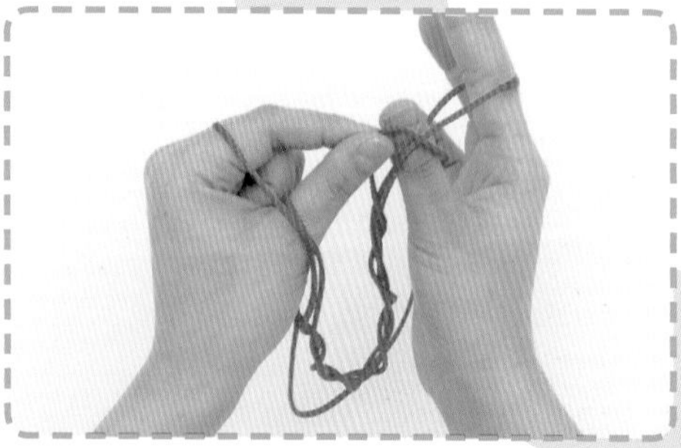

아래에서 위로 당겨 올린다.

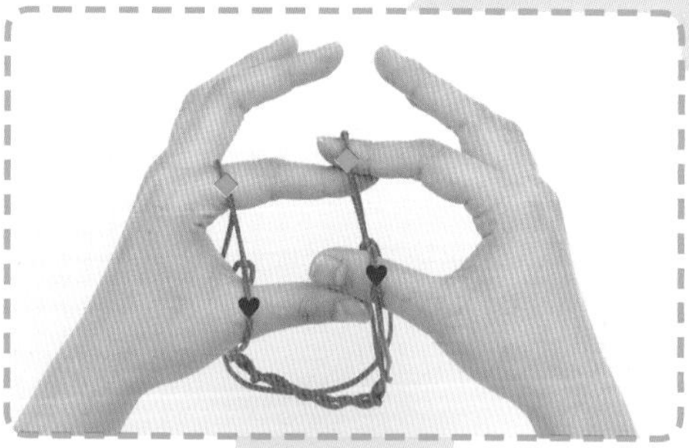

⑨ 의 옮기고 있는 모습

9

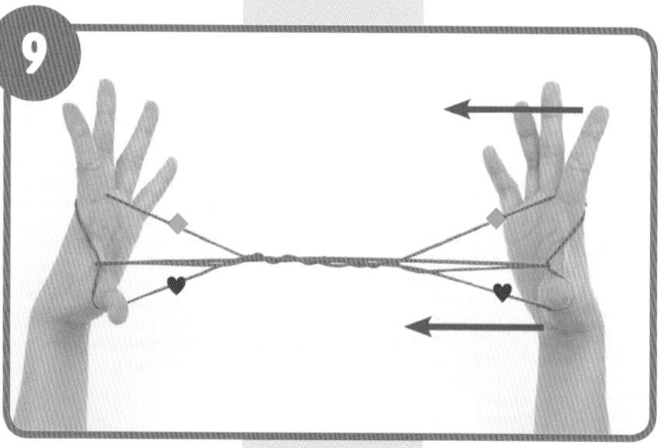

오른손 엄지손가락과 집게손가락에 걸려 있는 실을 각각 왼손 엄지손가락과 집게손가락으로 옮긴다.

8

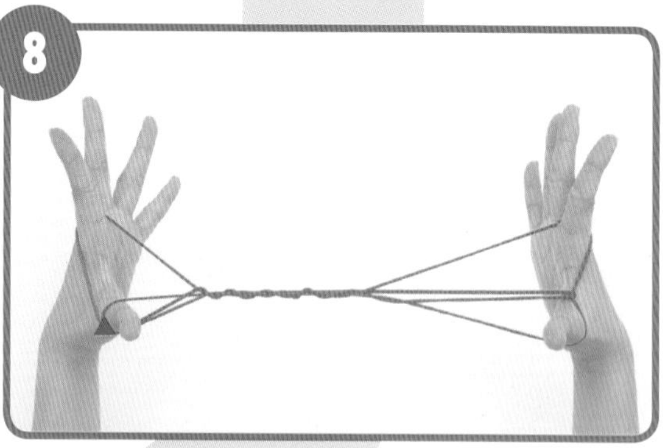

⑦ 과 마찬가지로 왼손 엄지손가락에 걸려 있는 △를 엄지손가락 위로 빼낸다.

10

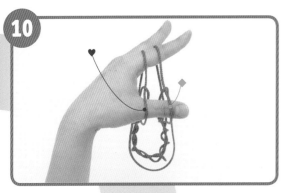

왼손 엄지손가락의 실 두 가닥을 벗겨 내 ◆를 오른손 집게손가락에, ♥를 오른손 엄지손가락에 다시 건다.

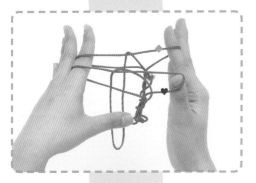

⑩ 의 다시 걸고 있는 모습

11

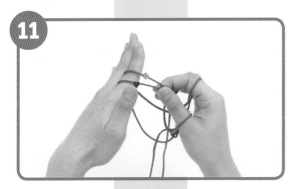

왼손 집게손가락의 실 두 가닥을 벗겨 내 ◆를 왼손 집게손가락에, ♥를 왼손 엄지손가락에 다시 건다.

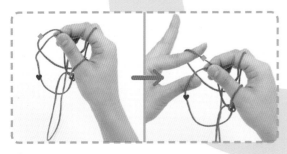

⑪ 의 다시 걸고 있는 모습

완성!

또 다른 나비예요!

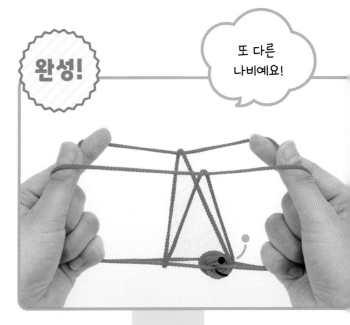

13

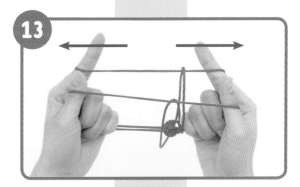

엄지손가락과 집게손가락을 펴서 양옆으로 슬슬 당긴다.

12

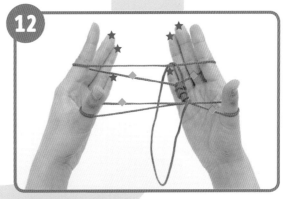

◆ 두 가닥을 가운뎃손가락, 약손가락, 새끼손가락으로 쥔다.

솔잎

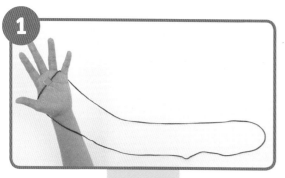

1

왼손 엄지손가락과 새끼손가락에 실을 걸고,
◆를 왼손 가운뎃손가락에 건다.

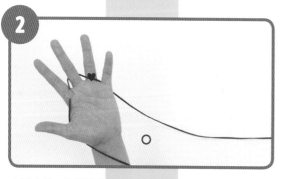

2

오른손을 아래쪽에서 ◯ 안에 넣어
엄지손가락으로 ◆를, 집게손가락으로 ♥를 잡는다.

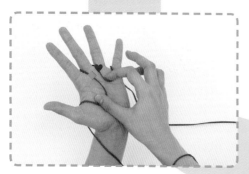

② 의 잡고 있는 모습

4

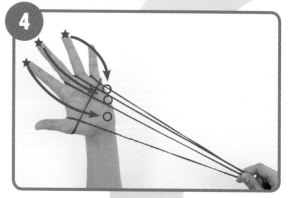

오른손으로 실을 잡은 채로 왼손 집게손가락,
가운뎃손가락, 약손가락을 각각 위쪽에서
◯ 안에 넣는다.

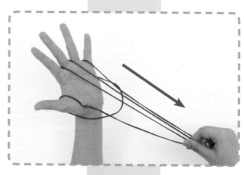

③ 의 당기고 있는 모습

3

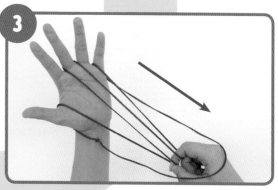

실을 아래로 당긴다.

5

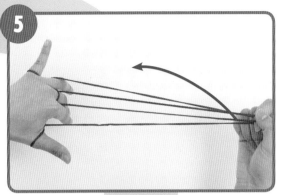

오른손으로 잡고 있는 실을 왼손 뒤로 돌린다.

완성!

솔향기 솔솔 솔잎!

❺ 의 돌리고 있는 모습

7

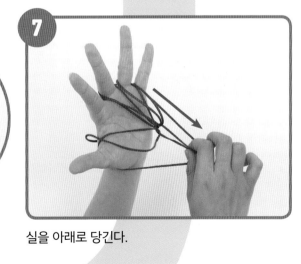

실을 아래로 당긴다.

6

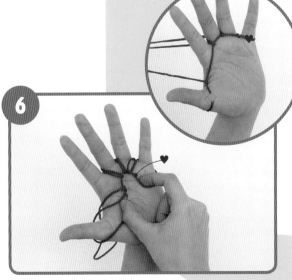

오른손 엄지손가락으로 ◆를,
집게손가락으로 ♥를 잡는다.

구름 속 달님

1 가운뎃손가락 준비 모양

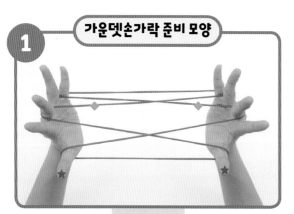

〈가운뎃손가락 준비 모양〉에서 시작.
엄지손가락으로 ◆ 를 건다.

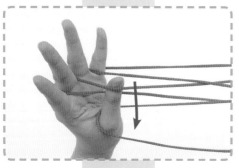

❶ 의 걸고 있는 모습

2

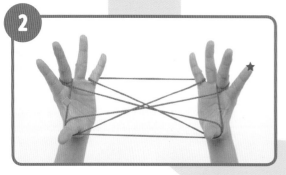

오른손 집게손가락으로 ◆ 를 건다.

3

왼손 집게손가락으로 ◆ 를 건다.

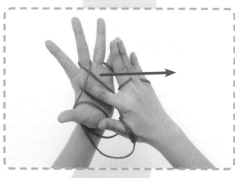

❷ 의 걸고 있는 모습

완성!

구름 속
달님이에요!

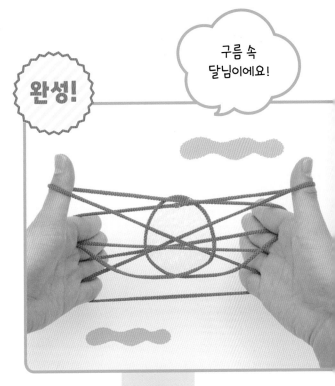

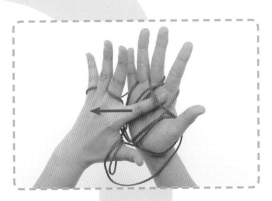

❸ 의 걸고 있는 모습

4

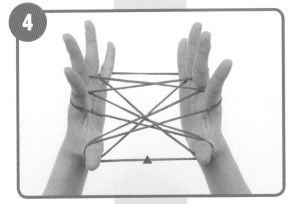

엄지손가락에 걸려 있는 ▲를 풀어 준다.

뒤집기

5

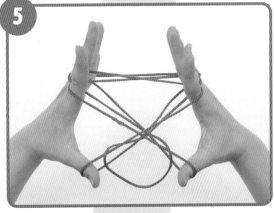

양손을 반대쪽으로 뒤집는다.

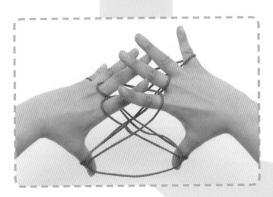

❹ 의 풀고 있는 모습

63

사라진 마법의 빗자루

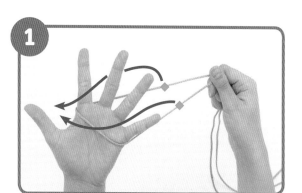

1

왼손 엄지손가락을 뺀 나머지 손가락에 실을 건다.
반대쪽 실을 오른손으로 잡아서 ◆ 를
화살표 방향으로 건다.

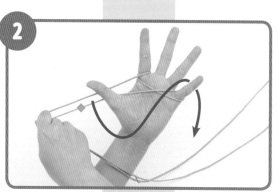

2

화살표 방향을 따라 왼손 새끼손가락에
◆ 를 건다.

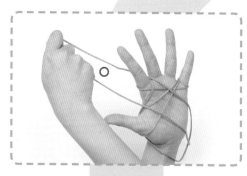

❸ 의 옮겨서 걸고 있는 모습

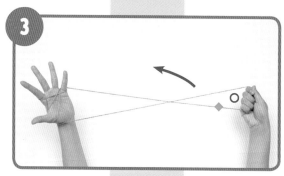

3

◆ 가 위에 오게 오른손으로 실을 비틀어 꼰 다음
◯ 안에 왼손 집게손가락이 들어가도록
실을 옮겨서 건다.

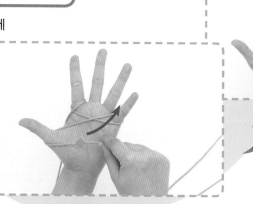

❷ 의 걸고 있는 모습

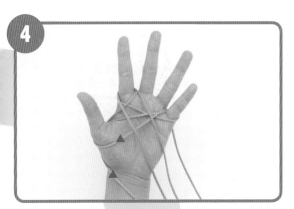

4

왼손 엄지손가락에 걸려 있는
▲ 두 가닥을 풀어 준다.

4 의 풀고 있는 모습

완성!

뽕, 빗자루가
사라졌다!

7 의 풀어내고 있는 모습

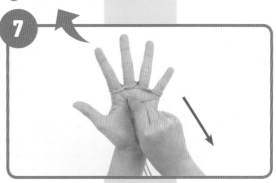

7

빗자루 모양이 완성된 척 친구에게 보여 준 다음
마지막에 손가락에서 실을 살살 풀어낸다.

5

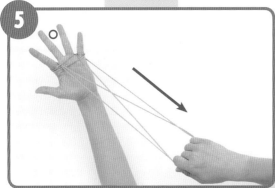

풀어낸 실을 오른손으로 잡고 아래로 당겼다가
왼손 가운뎃손가락과 약손가락 사이의
○ 안으로 통과시킨다.

6

오른손으로 ◆ 를 잡아 아래로 당긴다.

안경

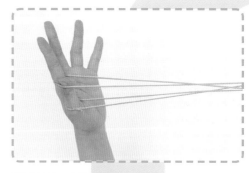

❹ 의 걸고 있는 모습

1 집게손가락 준비 모양

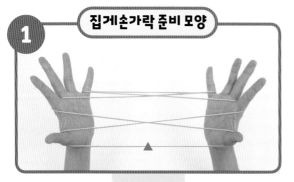

〈집게손가락 준비 모양〉에서 시작. 엄지손가락에 걸려 있는 ▲를 풀어 준다.

4

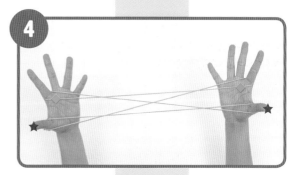

엄지손가락으로 ◆를 건다.

2

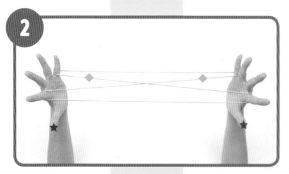

엄지손가락으로 위쪽에서 ◆를 건다.

3

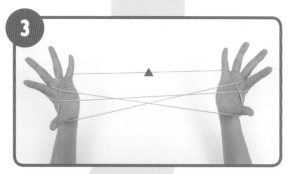

새끼손가락에 걸려 있는 ▲를 풀어 준다.

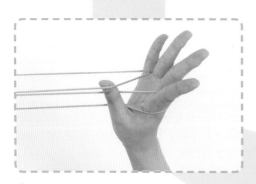

❷ 의 걸고 있는 모습

완성!

짜잔!
안경이에요!

5

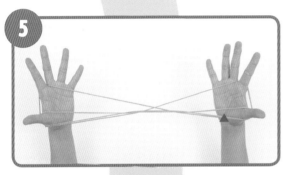

오른손 엄지손가락 아래쪽에 걸려 있는 ▲를
엄지손가락 바깥으로 빼낸다.

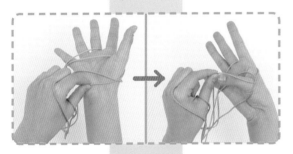

⑤ 의 빼내고 있는 모습

8

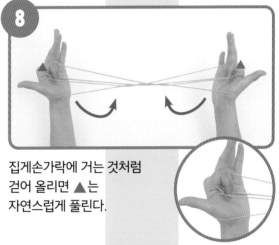

집게손가락에 거는 것처럼
걸어 올리면 ▲ 는
자연스럽게 풀린다.

6

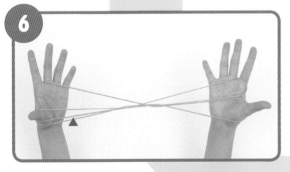

⑤ 와 마찬가지로 왼손 엄지손가락 아래쪽에
걸려 있는 ▲ 를 엄지손가락 바깥으로 빼낸다.

7

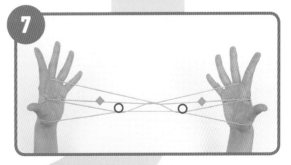

집게손가락을 위쪽에서 〇 안에 넣어 ◆ 를
반대쪽으로 걸어 올린다.

67

곤충 채집통 → 꽃

1

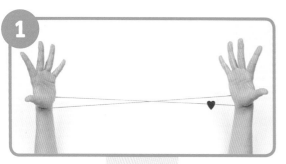

♥가 위로 오도록 실을 한 번 꼬아서 양쪽 손목에 건다.

⑤의 걸고 있는 모습

2

오른손으로 ◆를 잡아 왼손 손목에 한 바퀴 감는다.

5

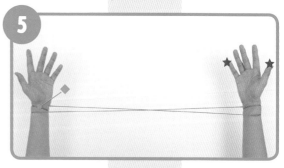

오른손 엄지손가락과 새끼손가락으로 ◆를 건다.

3

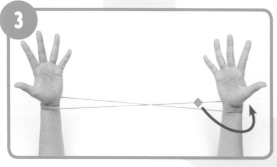

왼손으로 ◆를 잡아 오른손 손목에 한 바퀴 감는다.

4

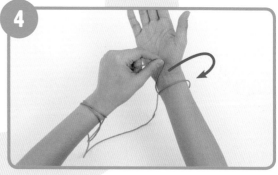

오른손 손목에 감고 있는 모습

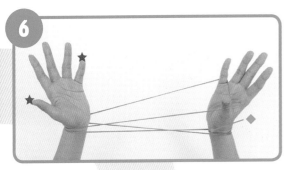

왼손 엄지손가락과 새끼손가락으로 ◆ 를 건다.

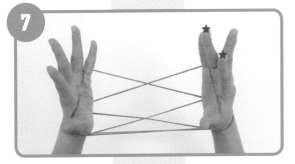

오른손 집게손가락과 약손가락으로 ◆ 를 건다.

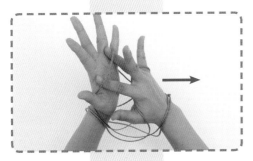

⑦ 의 걸고 있는 모습

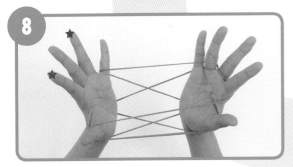

왼손 집게손가락과 약손가락으로 ◆ 를 건다.

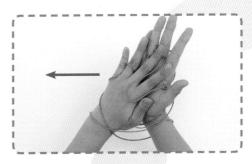

⑩ 의 걸고 있는 모습

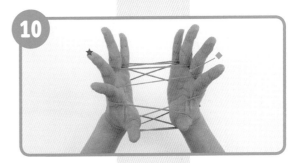

왼손 가운뎃손가락으로 ◆ 를 건다.

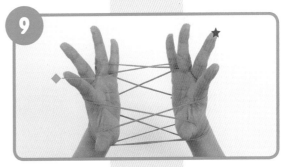

오른손 가운뎃손가락으로 ◆ 를 건다.

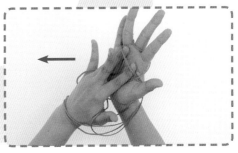

⑧ 의 걸고 있는 모습

69

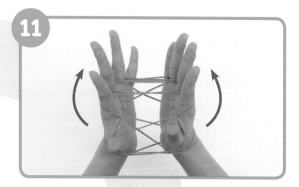

11

손목을 움직여 손가락 끝이 앞으로 향하게 한다.

완성! **곤충 채집통**

변신! **꽃**

14

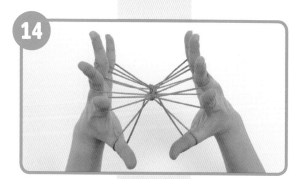

실을 손가락에서 살살 빼내 바닥에 놓고,
모양을 다듬는다.

12

주먹을 꼭 쥐고, 양손을 이용해 손목에 걸려 있는
실을 모두 풀어 준다.

13

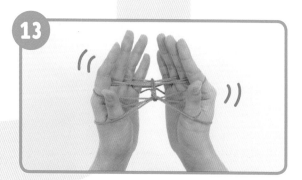

양손을 움직여 한가운데 있는 실을 조인다.

난이도
쉬움

실 길이
긴 실 ∞

빗자루 → 숲속의 작은 집

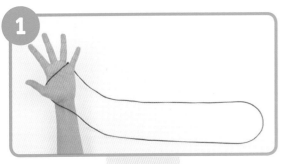

1 왼손 엄지손가락과 새끼손가락에 실을 건다.

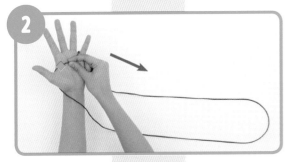

2 오른손 엄지손가락과 집게손가락으로
◆를 잡아당긴다.

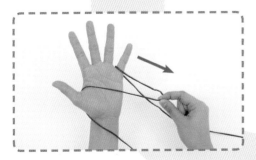

❷ 의 잡아당기고 있는 모습

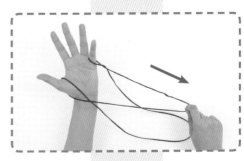

❹ 의 당기고 있는 모습

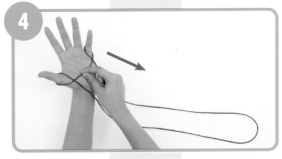

4 잡은 실을 당긴다.

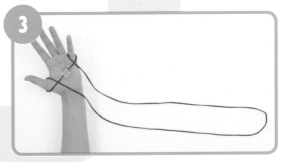

3 오른손 엄지손가락과 집게손가락으로
한 번 더 ◆를 잡는다.

71

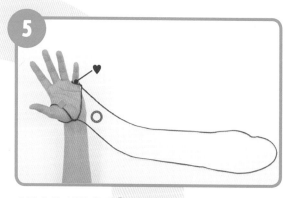

오른손을 위쪽에서 ◯ 안에 넣어 엄지손가락으로
◆ 를, 집게손가락으로 ♥ 를 잡아 건다.

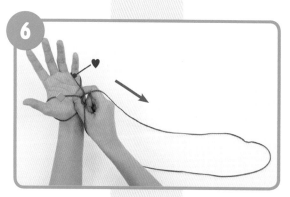

잡아 건 실을 당긴다.

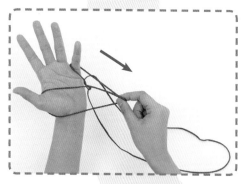

❻ 의 당기고 있는 모습

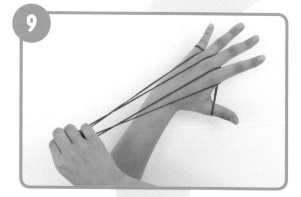

오른손에 쥐고 있는 실을 놓는다.

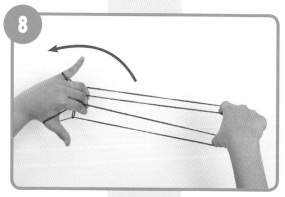

오른손에 쥐고 있는 실을 왼손 뒤로 넘긴다.

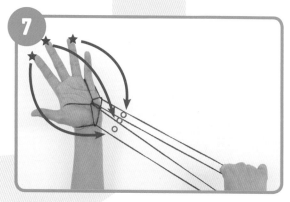

왼손 집게손가락, 가운뎃손가락,
약손가락을 각각 ◯ 안에 넣는다.

10

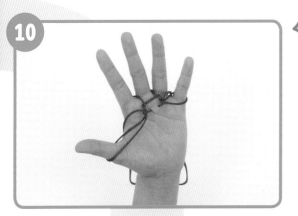

오른손 엄지손가락과 집게손가락으로 ◆ 를 잡는다.

11

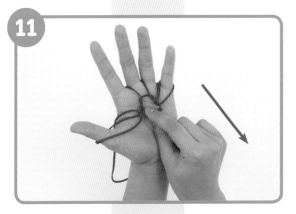

잡은 실을 아래로 당긴다.

변신! 숲속의 작은 집

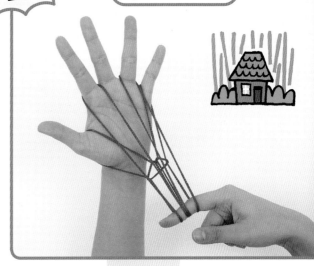

12

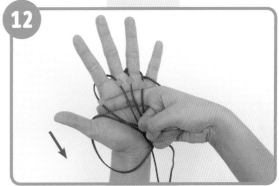

왼손 집게손가락, 약손가락에 걸려 있는
◆ 네 가닥을 오른손 집게손가락에 걸어
그대로 아래로 당긴다.

완성! 빗자루

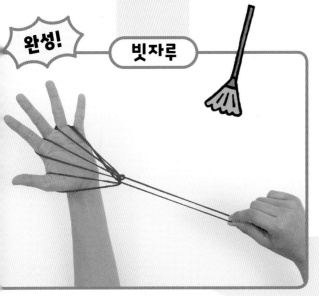

게 → 사탕 → 여자아이

① 가운뎃손가락 준비 모양

〈가운뎃손가락 준비 모양〉에서 시작

②

오른손 손목을 화살표 방향으로 눕힌다.

③

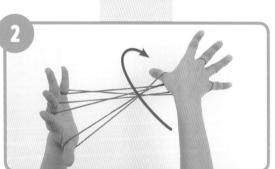

오른손 엄지손가락을 화살표 방향으로 아래쪽에서 〇 안에 넣어 ◆를 건다.

④

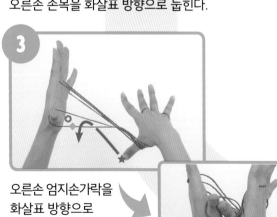

③에서 걸어서 끌어온 ◆를 왼손 엄지손가락으로 걸어 당긴다.

⑤

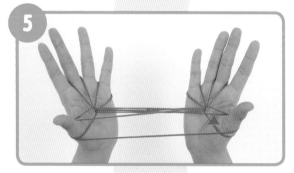

오른손 엄지손가락에 걸려 있는 ▲를 왼손을 이용해 엄지손가락 바깥으로 빼낸다.

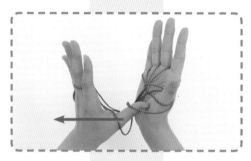

④의 걸고 있는 모습

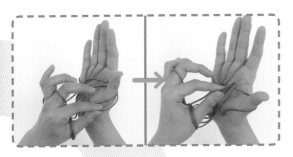

⑤ 의 빼내고 있는 모습

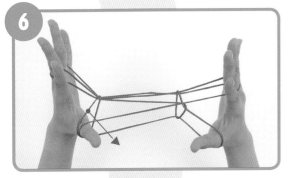

왼손 엄지손가락에 걸려 있는 ▲를 오른손을
이용해 엄지손가락 바깥으로 빼낸다.

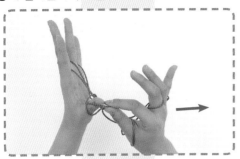

⑥ 의 빼내고 있는 모습

완성! **게**

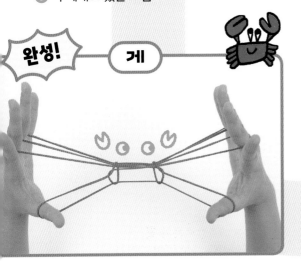

변신! **여자아이**

8

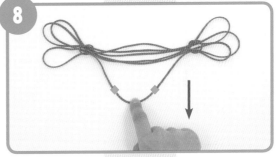

◆ 를 아래로 살며시 당긴다.

변신! **사탕**

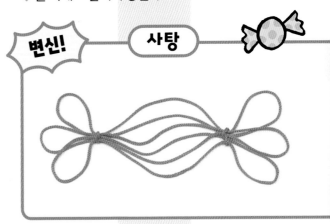

7

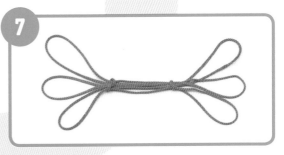

실을 손가락에서 살살 빼내 바닥에 놓고,
모양을 다듬는다.

바지락 → 문어

1

가운뎃손가락 준비 모양

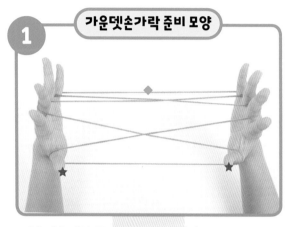

〈가운뎃손가락 준비 모양〉에서 시작.
엄지손가락으로 다른 네 손가락에 걸려 있는
실 아래쪽에서 ◆를 걸어 올린다.

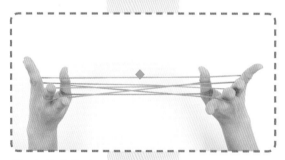

❶ 의 걸어 올리고 있는 모습

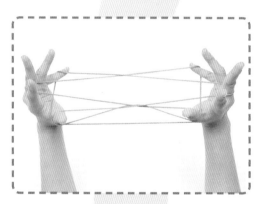

❷ 의 풀고 있는 모습

2

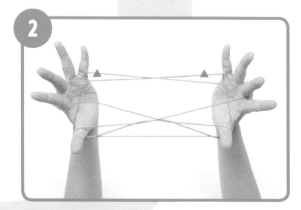

새끼손가락에 걸려 있는 ▲를 풀어 준다.

3

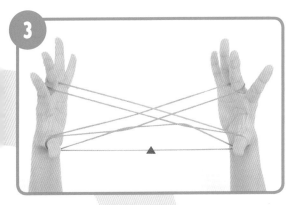

엄지손가락에 걸려 있는 ▲를 엄지손가락
바깥으로 빼낸다.

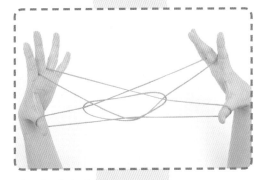

양손을 살짝 벌리면……

완성! **바지락**

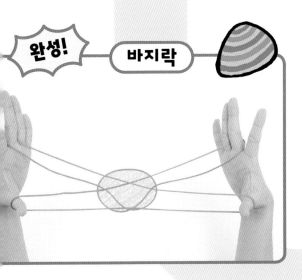

변신! **문어**

5

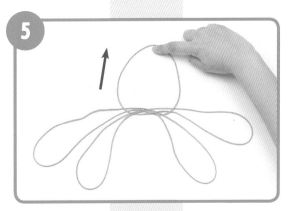

모양을 다듬는다.

4

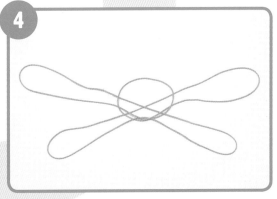

실을 손가락에서 살며시 빼내 바닥에 놓는다.

77

애벌레 → 화산

1

양쪽 엄지손가락에 실을 걸고, 집게손가락을
○ 안에 넣어 ◆를 건다.

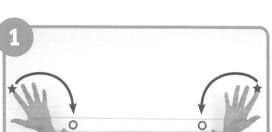

① 의 걸고 있는 모습

2

오른손 엄지손가락으로 ◆를 건다.

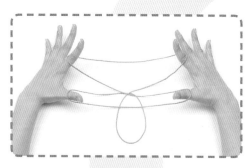

③ 의 빼내고 있는 모습

3

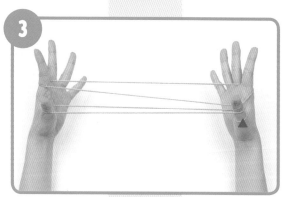

엄지손가락에 걸려 있는 ▲를 엄지손가락에서
빼내어 입에 문다.

② 의 걸고 있는 모습

4

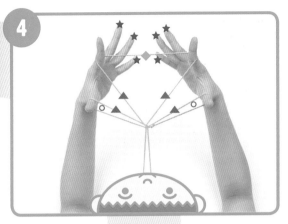

양쪽 가운뎃손가락, 약손가락, 새끼손가락을
실 아래쪽에서 ○ 안에 넣고, ▲를
◆ 바깥쪽으로 밀어 준다.

변신! **화산**

집게손가락을 세우면…….

5

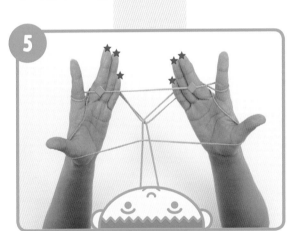

○ 안에 넣은 세 손가락으로 ◆를 쥔다.

7

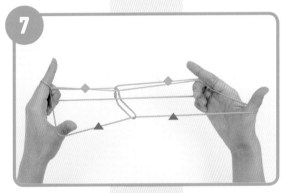

집게손가락을 ◆ 의 두 실 안에 넣고,
엄지손가락에 걸려 있는 ▲를 풀어 준다.

6

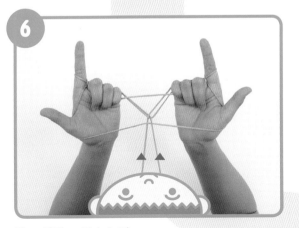

물고 있던 ▲를 놓는다.

완성! **애벌레**

엄지손가락을 좌우로 움직여 보자!

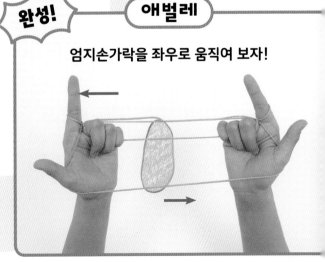

유리잔 → 앞치마 → 전구 → 막대자

▶ 동영상으로 배워요.

3

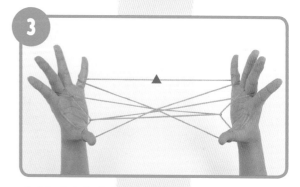

새끼손가락에 걸려 있는 ▲를 풀어 준다.

1

가운뎃손가락 준비 모양

〈가운뎃손가락 준비 모양〉에서 시작.
엄지손가락으로 위쪽에서 ◆를 건다.

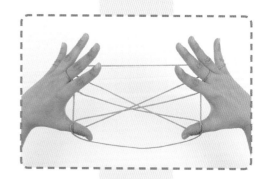

❷의 풀고 있는 모습

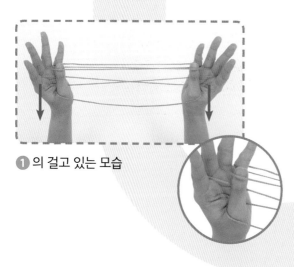

❶의 걸고 있는 모습

2

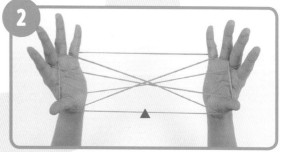

엄지손가락에 걸려 있는 ▲를 풀어 준다.

4

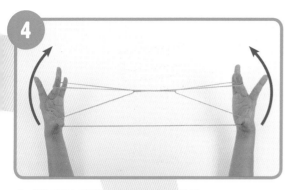

손가락 끝이 아래로 향하도록 손목을
앞쪽으로 뒤집는다.

ð 뒤집기

완성! 유리잔

변신! 막대자

실이 팽팽해지도록 양손을 끝까지 당긴다.

변신! 전구

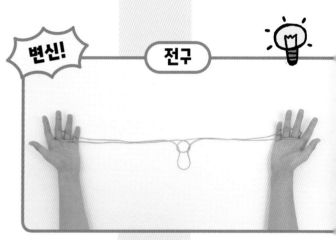

실을 양옆으로 조금 더 당긴다.

5

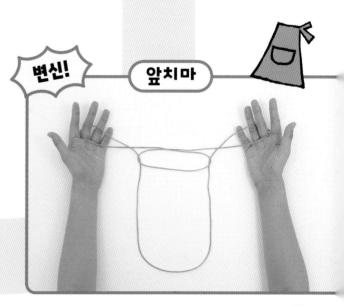

엄지손가락에 걸려 있는 실을 풀어 주고,
양옆으로 조금 당긴다.

변신! 앞치마

그물 → 거문고 → 해먹 → 이발기

 ▶ 동영상으로 배워요.

1

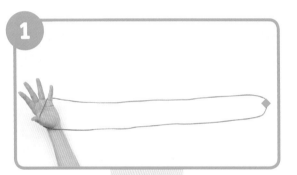

왼손 엄지손가락과 새끼손가락에 실을 걸고,
오른손으로 ◆ 를 잡는다.

2

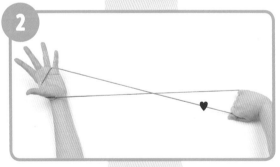

♥가 위에 오도록 실을 비틀어 꼰다.

4

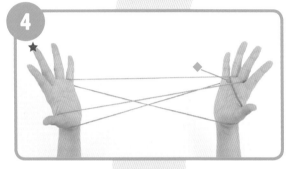

왼손 가운뎃손가락으로 ◆ 를 건다.

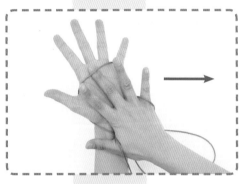

❸ 의 걸고 있는 모습

3

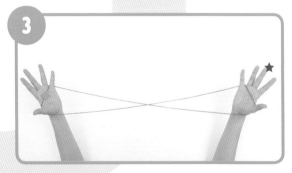

꼬여 있는 채로 오른손 엄지손가락과 새끼손가락에
실을 건다. 오른손 가운뎃손가락으로 ◆ 를 건다.

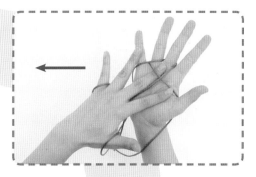

④ 의 걸고 있는 모습

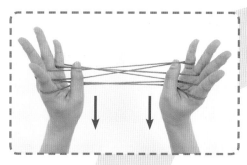

⑧ 의 걸고 있는 모습

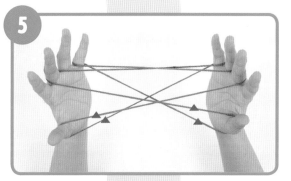

엄지손가락에 걸려 있는 ▲를 풀어 준다.

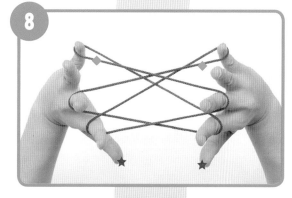

엄지손가락으로 위쪽에서 ◆를 건다.

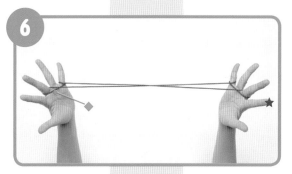

오른손 집게손가락으로 ◆를 건다.

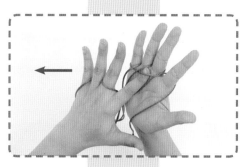

⑦ 의 걸고 있는 모습

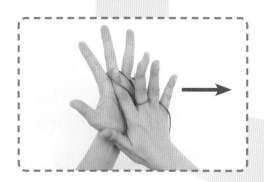

⑥ 의 걸고 있는 모습

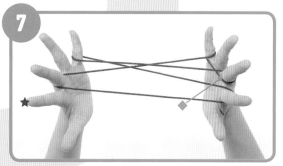

왼손 집게손가락으로 ◆를 건다.

오른손 집게손가락과 가운뎃손가락으로 ◆ 를 건다.

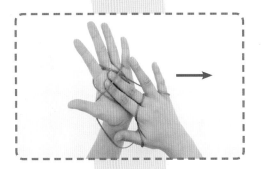

❾ 의 걸고 있는 모습

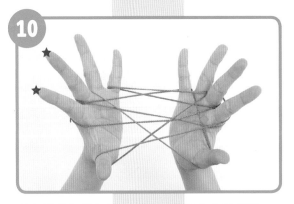

왼손 집게손가락과 가운뎃손가락으로 ◆ 를 건다.

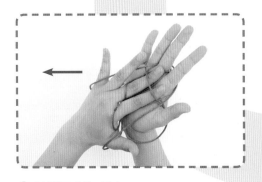

❿ 의 걸고 있는 모습

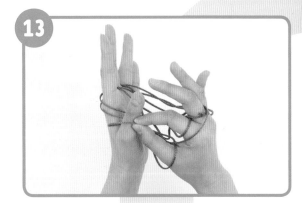

왼손 엄지손가락에 다시 건다.

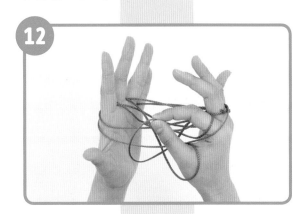

실의 꼬인 방향을 바꾼다.

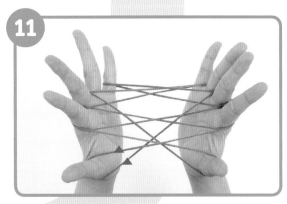

왼손 엄지손가락에 걸려 있는 ▲ 를 풀어 준다.

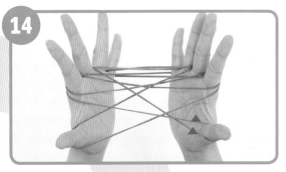

오른손도 마찬가지로 엄지손가락에 걸려 있는 ▲를
풀어 준 뒤, 꼬인 방향을 바꾸어 엄지손가락에 다시 건다.

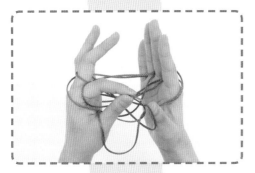

꼬인 방향을 바꾸고 있는 모습

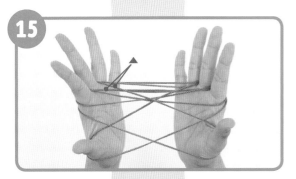

왼손 가운뎃손가락에 걸려 있는 ▲를 풀어 준 뒤,
꼬인 방향을 바꾸어 가운뎃손가락에 다시 건다.

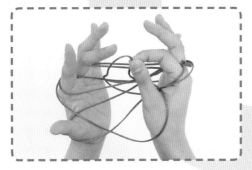

꼬인 방향을 바꾸고 있는 모습

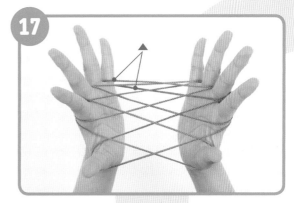

왼손 새끼손가락에 걸려 있는 ▲를 풀어서
꼬인 방향을 바꾸고 새끼손가락에 다시 건다.

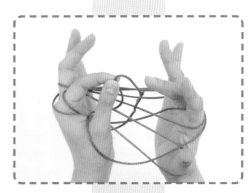

꼬인 방향을 바꾸고 있는 모습

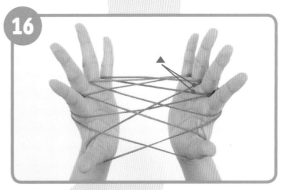

마찬가지로 오른손 가운뎃손가락에 걸려 있는
▲를 풀어 준 뒤, 꼬인 방향을 바꾸어
가운뎃손가락에 다시 건다.

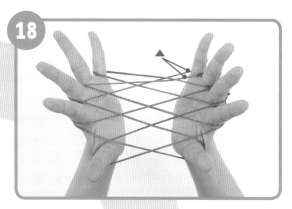

18

마찬가지로 오른손 새끼손가락에 걸려 있는
▲를 풀어 준 뒤, 꼬인 방향을 바꾸어
새끼손가락에 다시 건다.

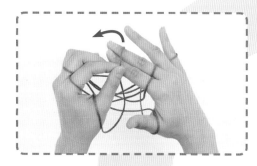

⑳ 의 풀고 있는 모습

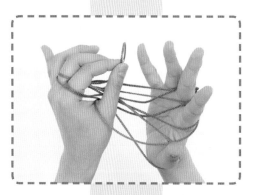

꼬인 방향을 바꾸고 있는 모습

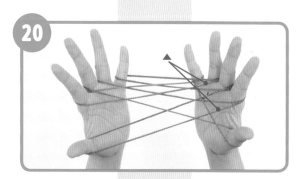

20

오른손 집게손가락과 가운뎃손가락에
함께 걸려 있는 ▲를 풀어 준다.

완성! 그물

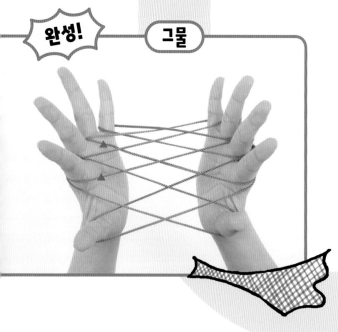

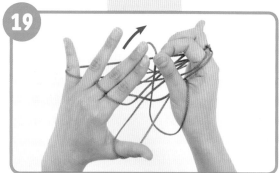

19

그물의 왼손 집게손가락과 가운뎃손가락에
함께 걸려 있는 ▲를 풀어 준다.

변신! ── 거문고

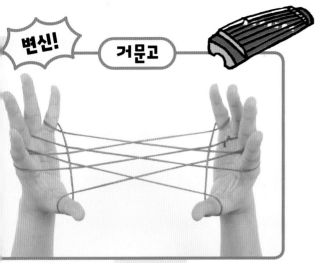

변신! ── 이발기

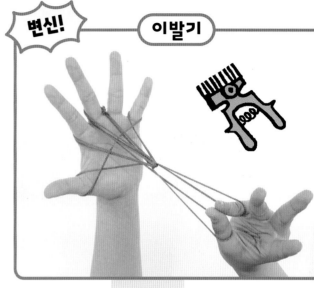

손가락 끝이 아래로
향하도록 뒤집기

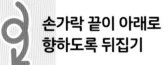

변신! ── 해먹

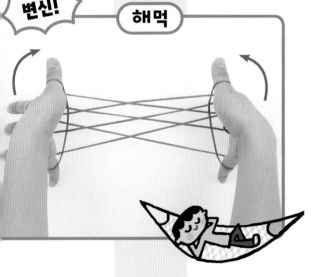

23

다 옮겼으면 양손을 옆으로 벌려 당긴다.

21

오른손 집게손가락에 걸려 있는 실을
왼손 집게손가락으로 옮긴다.

22

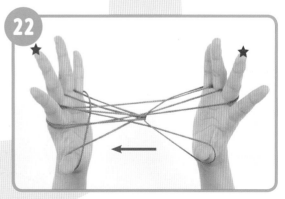

오른손 가운뎃손가락에 걸려 있는 실을
왼손 가운뎃손가락으로 옮긴다.

대문 → 빗자루 → 가위 → 쪽가위

1
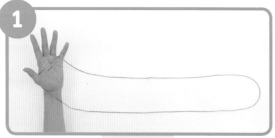

실을 왼손 엄지손가락과 새끼손가락에 걸고,
오른손으로 ◆를 잡아당긴다.

2

한 번 더 오른손 엄지손가락과 집게손가락으로
◆를 잡아당긴다.

3
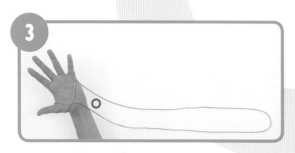

오른손을 위쪽에서 ⭕ 안에 넣는다.

5
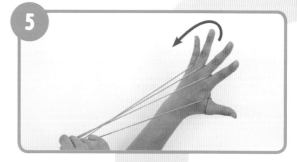

대문의 ★ 손가락을 ⭕ 안에 각각 넣고,
오른손으로 잡고 있는 실을 왼손 뒤로 넘긴다.

완성!　　대문

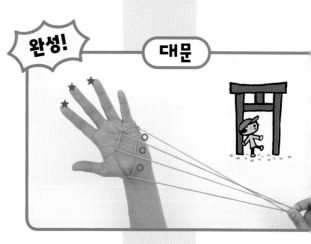

4
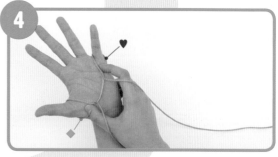

오른손 엄지손가락으로 ◆를, 집게손가락으로
♥를 걸어 그대로 오른손을 옆으로 당긴다.

6

오른손 엄지손가락과 집게손가락으로 ◆ 를 잡아
아래로 당긴다.

변신! **빗자루**

7

빗자루의 ⭕ 안에 오른손 엄지손가락을, ⚫ 안에
집게손가락을 위쪽에서 넣어 실을 빼낸다.

변신! **가위**

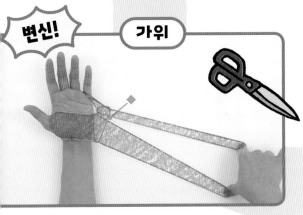

빼낸 실을 그대로 아래로 잡아당기면 가위로 변신!

변신! **쪽가위**

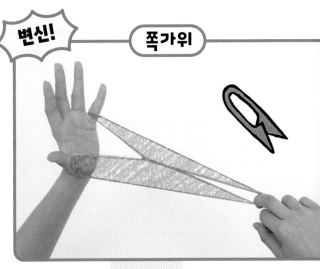

9

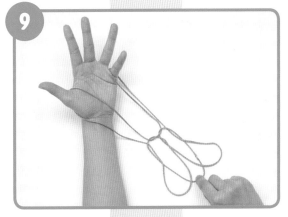

고리 세 개를 겹치게 놓고, 겹쳐진 고리들을
오른손 가운뎃손가락으로 걸어 아래로 당긴다.

8

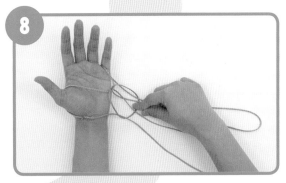

오른손에 잡고 있는 실을 놓고, 가위의 ◆ 를
오른손 엄지손가락과 집게손가락으로 잡아
아래로 당긴다.

거북이 → 고무줄 → 비행기

1 **집게손가락 준비 모양**

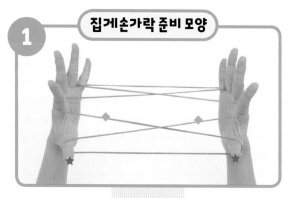

〈집게손가락 준비 모양〉에서 시작.
엄지손가락으로 위쪽에서 ◆를 건다.

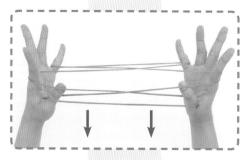

1 의 걸고 있는 모습

2

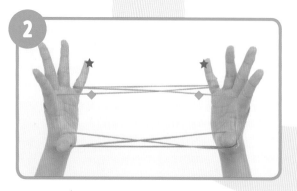

새끼손가락으로 위쪽에서 ◆를 건다.

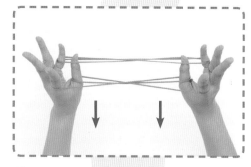

3 의 걸고 있는 모습

3

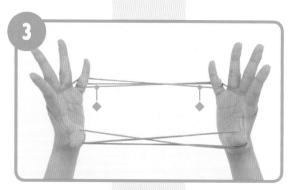

엄지손가락으로 ◆를 건다.

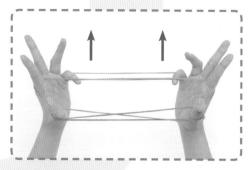

2 의 걸고 있는 모습

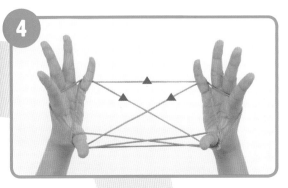

새끼손가락에 걸려 있는 실을 모두 풀어 준다.

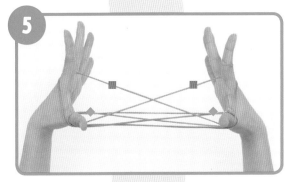

새끼손가락으로 ▦를 누르며 아래쪽에서
◆ 두 가닥을 건다.

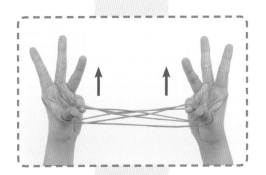

⑤ 의 걸고 있는 모습

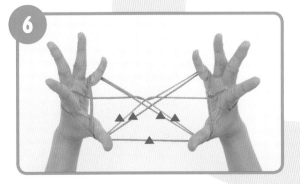

엄지손가락에 걸려 있는 실을 모두 풀어 준다.

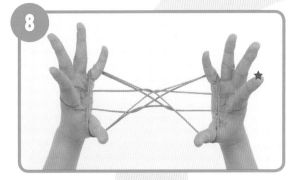

오른손 집게손가락으로 ◆ 두 가닥을 건다.

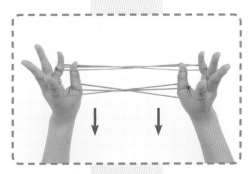

⑦ 의 걸고 있는 모습

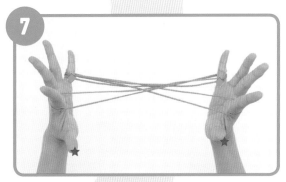

엄지손가락으로 위쪽에서 ◆ 두 가닥을 건다.

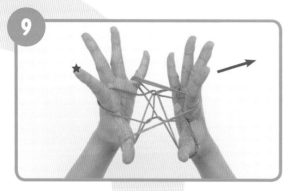

왼손 집게손가락으로 ◆를 건다.

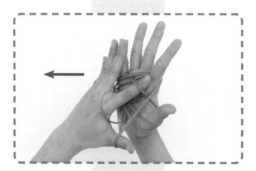

9 의 걸고 있는 모습

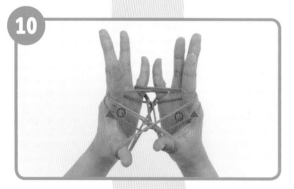

집게손가락을 ○ 안에 넣어 ▲를 풀어 준다.

집게손가락에 걸려 있는 실을 양옆으로 당기면
▲ 두 가닥은 자연스럽게 풀린다.

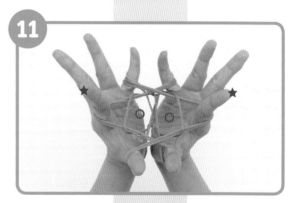

집게손가락을 위쪽에서 ○ 안에 넣는다.

10 의 풀고 있는 모습

완성! 거북이

13

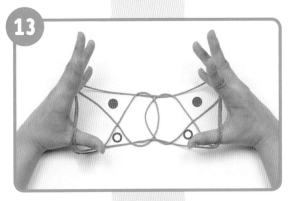

집게손가락에 걸려 있는 실을 풀고,
양손을 벌려 ○ 안에 집게손가락을,
● 안에 가운뎃손가락을 넣는다.

14

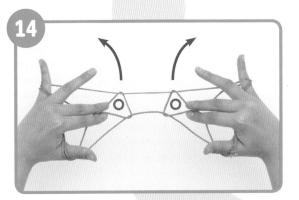

집게손가락과 가운뎃손가락을 ○ 안으로
빼낸 다음 양손을 옆으로 벌린다.

변신! 비행기

15

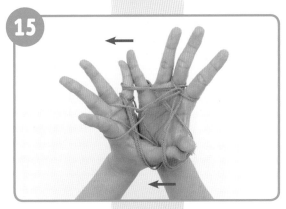

고무줄의 왼손 엄지손가락과 새끼손가락으로
오른손 엄지손가락과 새끼손가락에 걸려 있는
◆를 옮긴다.

변신! 고무줄

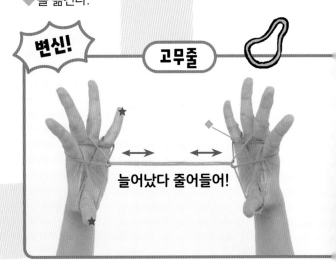

늘어났다 줄어들어!

유리잔 → 안경 → 나비 → 산

집게손가락 준비 모양

〈집게손가락 준비 모양〉에서 시작.
엄지손가락으로 위쪽에서 ◆ 를 건다.

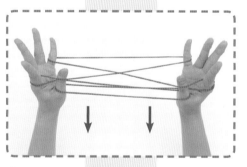

❶ 의 걸고 있는 모습

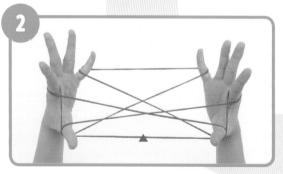

엄지손가락에 걸려 있는 ▲를 풀어 준다.

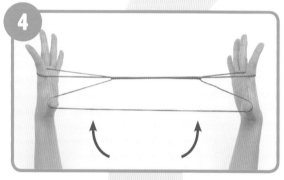

양 손목을 바깥쪽으로 눕힌다.

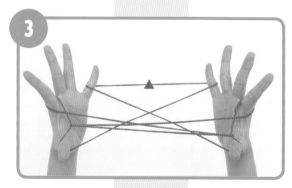

새끼손가락에 걸려 있는 ▲를 풀어 준다.

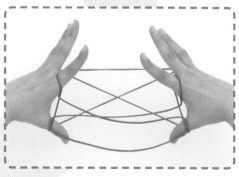

❷ 의 풀고 있는 모습

완성! 유리잔

9

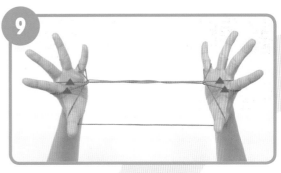

집게손가락에 걸려 있는 ▲ 를 풀어 준다.

5

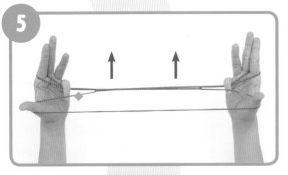

손목을 다시 본래대로 세우고,
새끼손가락으로 위쪽에서 유리잔의 ◆ 를 건다.

8

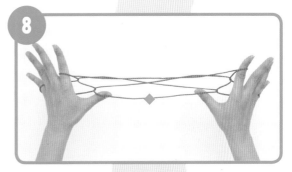

엄지손가락으로 아래쪽에서 안경의 ◆ 를 건다.

변신! 안경

6

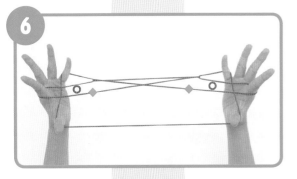

집게손가락을 위쪽에서 ○ 안에 넣어 ◆ 를 건다.

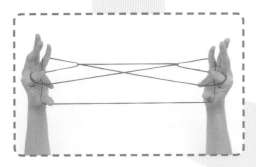

❻ 의 걸고 있는 모습

7

뒤집는다

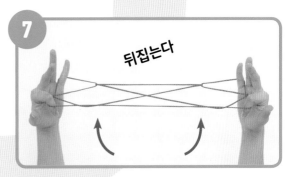

엄지손가락의 실을 풀고,
집게손가락을 앞쪽으로 돌려서 세운다.

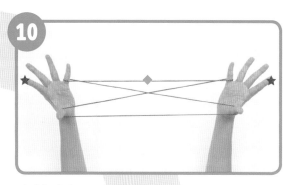

10

집게손가락으로 ◆를 건다.

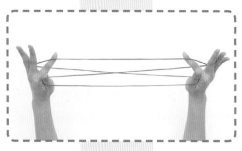

⑩ 의 걸고 있는 모습

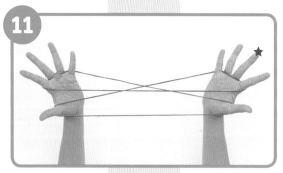

11

오른손 가운뎃손가락으로 ◆를 건다.

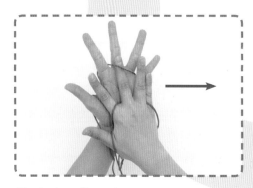

⑪ 의 걸고 있는 모습

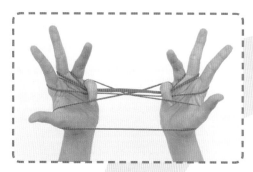

⑬ 의 걸고 있는 모습

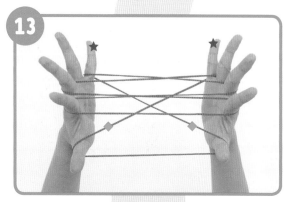

13

새끼손가락으로 위쪽에서 ◆를 건다.

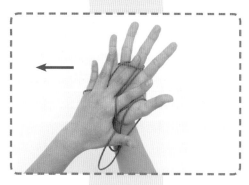

⑫ 의 걸고 있는 모습

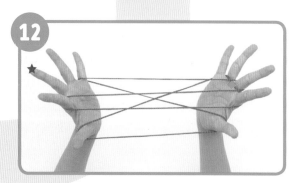

12

왼손 가운뎃손가락으로 ◆를 건다.

96

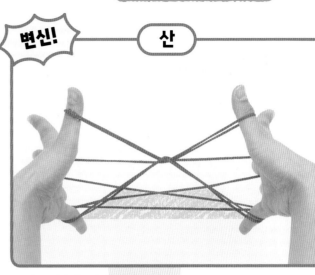

변신! 산

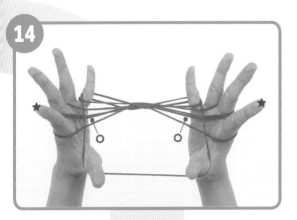

14

집게손가락을 위쪽에서 ○ 안에 넣는다.

그리고 양손을 뒤집으면⋯⋯.

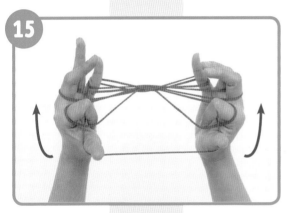

15

집게손가락을 앞쪽으로 돌려 세우고,
양손을 편다.

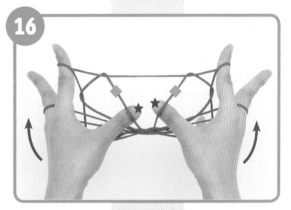

16

엄지손가락으로 ◆ 를 걸고, 집게손가락에
걸려 있는 실을 풀어 준 뒤, 양손을 벌린다.

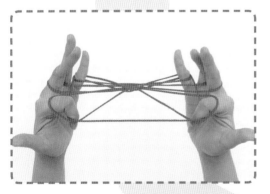

엄지손가락에 걸려 있는 ▲를 풀어 주고,
집게손가락을 세운다.

변신! 나비

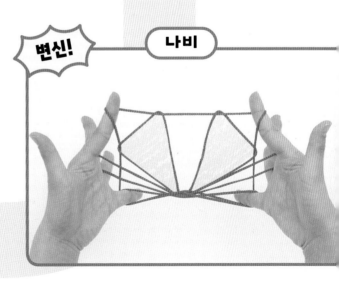

4단 사다리

▶ 동영상으로 배워요.

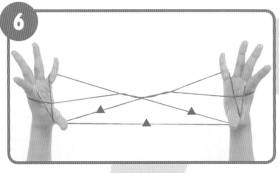

6

엄지손가락에 걸려 있는 ▲ 두 가닥을 풀어 준다.

집게손가락 준비 모양

1

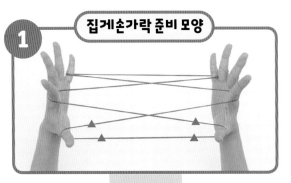

〈집게손가락 준비 모양〉에서 시작.
엄지손가락에 걸려 있는 ▲를 풀어 준다.

5

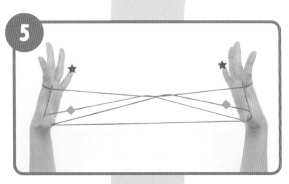

새끼손가락으로 위쪽에서 ◆를 건다.

2

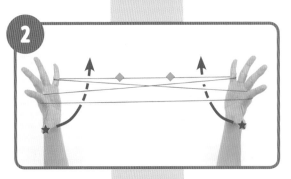

엄지손가락으로 다른 실 아래쪽에서 ◆를
걸어 앞으로 당긴다.

4

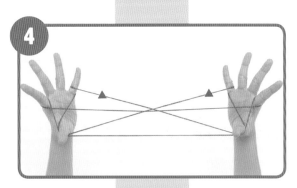

새끼손가락에 걸려 있는 ▲를 풀어 준다.

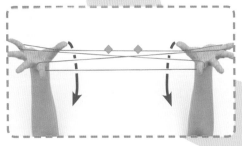

엄지손가락으로 ◆를 걸고 있는 모습

3

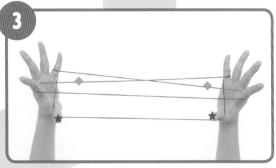

엄지손가락으로 위쪽에서 ◆를 건다.

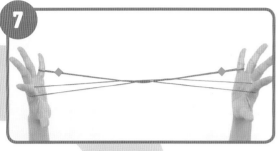

7

새끼손가락에 걸려 있는 실 두 가닥 중 앞쪽 ◆를
엄지손가락으로 위쪽에서 건다.

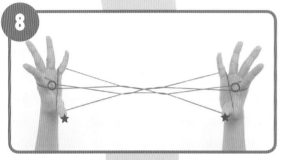

8

엄지손가락을 아래쪽에서 ◯ 안에 넣어
몸 쪽으로 당긴다.

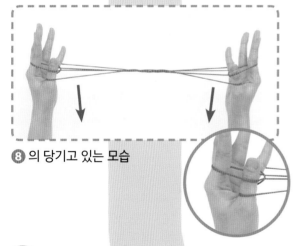

8의 당기고 있는 모습

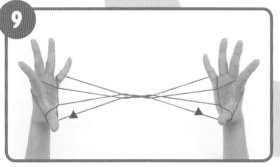

9

엄지손가락에 걸려 있는 ▲를 엄지손가락 바깥으로 빼낸다.

완성!

짜잔!
4단 사다리!

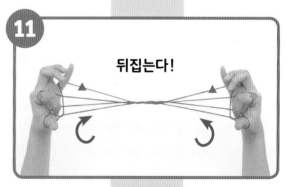

11

뒤집는다!

새끼손가락에 걸려 있는 ▲를 풀어 준다.
집게손가락을 빙그르 바깥쪽으로 세우면
◆는 자연스럽게 풀린다.

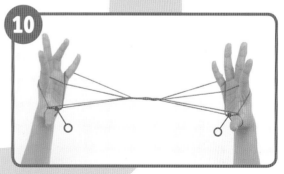

10

집게손가락을 위쪽에서 ◯ 안에 넣는다.

5단 사다리

1 집게손가락 준비 모양

〈집게손가락 준비 모양〉에서 시작.
엄지손가락에 걸려 있는 ▲를 풀어 준다.

2

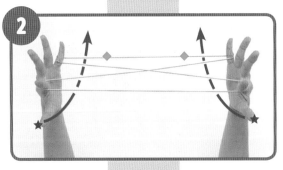

엄지손가락으로 다른 실 아래쪽에서
◆를 걸어 앞으로 당긴다.

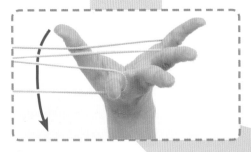

❷ 의 걸고 있는 모습

4

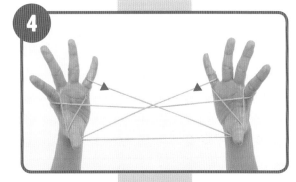

새끼손가락에 걸려 있는 ▲를 풀어 준다.

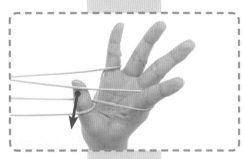

❸ 의 걸고 있는 모습

3

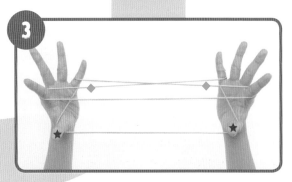

엄지손가락으로 위쪽에서 ◆를 건다.

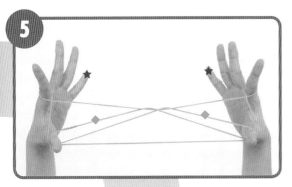

새끼손가락으로 위쪽에서 ◆ 를 건다.

5 의 걸고 있는 모습

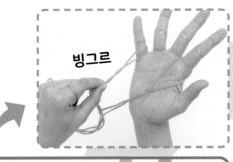

빙그르

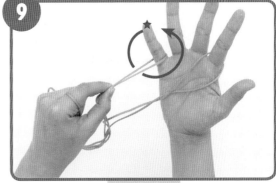

오른손 새끼손가락도 마찬가지로 왼손으로
실을 잡고 있는 채로 화살표 방향으로
한 바퀴 돌려 실을 감는다.

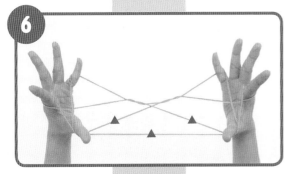

엄지손가락에 걸려 있는 ▲ 두 가닥을 풀어 준다.

빙그르

8 의 감고 있는 모습

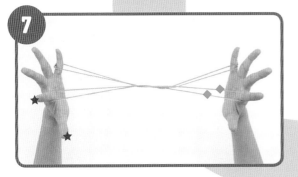

오른손 집게손가락에 걸려 있는 ◆ 두 가닥을
왼손 엄지손가락과 집게손가락으로 잡는다.

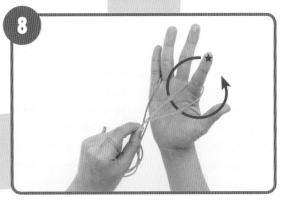

오른손 집게손가락을 화살표 방향으로
한 바퀴 돌려 실을 감는다.

101

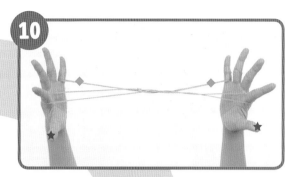

10

새끼손가락에 걸려 있는 실 두 가닥 중
앞쪽 ◆를 엄지손가락으로 건다.

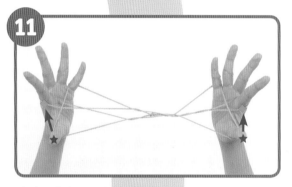

11

엄지손가락으로 ◆를 건다.

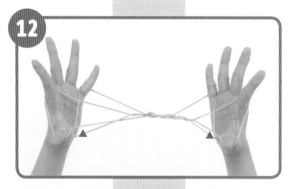

12

엄지손가락에 걸려 있는 ▲를 풀어 준다.

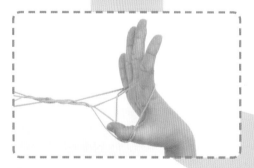

⑫의 풀고 있는 모습

완성!

짜잔!
5단 사다리!

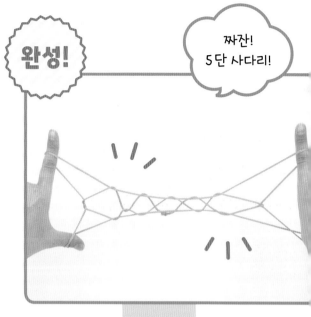

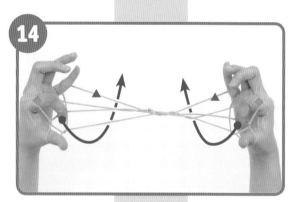

14

새끼손가락에 걸려 있는 ▲를 풀어 준다.
집게손가락을 빙그르 바깥쪽으로 세우면
◆는 자연스럽게 풀린다.

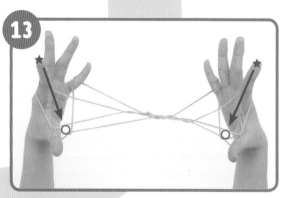

13

집게손가락을 위쪽에서 ○ 안에 넣는다.

혼자서 한 바퀴 돌기

〈가운뎃손가락 준비 모양〉→ 논 → 강 →
논 → 마름모 → 장구 → 다리 → 산 →
〈가운뎃손가락 준비 모양〉

 ▶ 동영상으로
배워요.

4

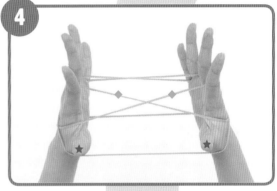

엄지손가락으로 ◆ 를 걸어 아래쪽으로 당긴다.

1

가운뎃손가락 준비 모양

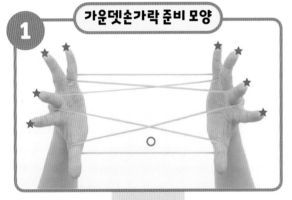

〈가운뎃손가락 준비 모양〉에서 시작. 엄지손가락을
뺀 나머지 손가락을 ○ 안에 넣는다.

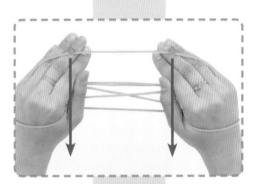

◆ 를 앞쪽으로 넘기고 있는 모습

2

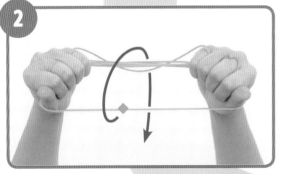

◆ 를 새끼손가락 뒤쪽으로 넘기고, 손목을 세운다.

3

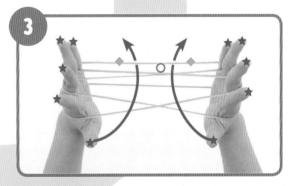

양손의 다섯 손가락을 ○ 안에 넣어서 ◆ 를
앞쪽으로 넘긴 다음 손목을 세운다.

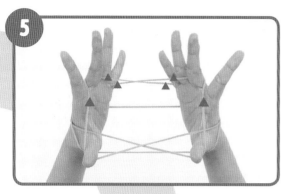

집게손가락을 꼿꼿이 세운 상태에서 새끼손가락,
약손가락, 가운뎃손가락 순서로 걸려 있는 실을 풀어 준다.

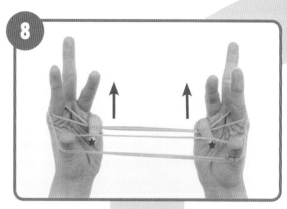

강의 ◆를 새끼손가락으로 위쪽에서 건다.

완성! **논**

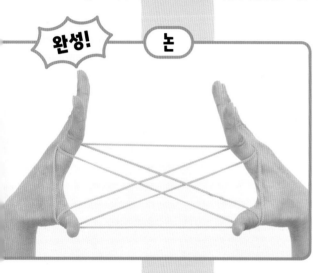

변신! **강**

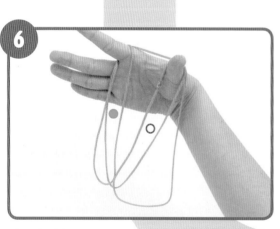

왼손의 실을 모두 풀어 준 다음 왼손 엄지손가락을
〇 안에, 집게손가락을 ● 안에 넣는다.

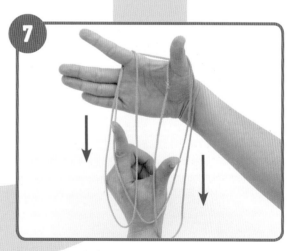

왼손 엄지손가락과 집게손가락을 넣었으면
양손을 옆으로 벌린다.

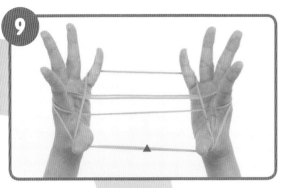

엄지손가락에 걸려 있는 ▲ 두 가닥을 모두 풀어 준다.

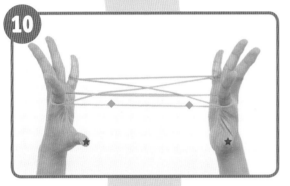

엄지손가락으로 아래쪽에서 ◆를 건다.

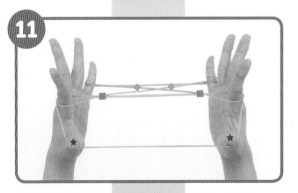

엄지손가락으로 집게손가락에 걸려 있는 ■를
누르면서 ◆를 건다.

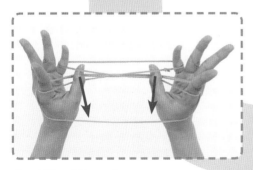

⑪의 걸고 있는 모습

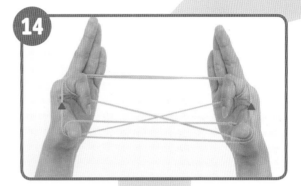

집게손가락에 걸려 있는 ▲를
집게손가락 바깥으로 빼낸다.

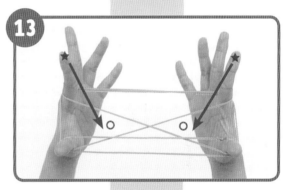

집게손가락을 위쪽에서 ○ 안에 넣는다.

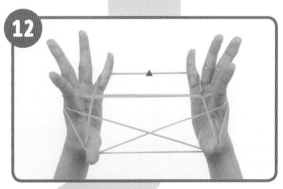

새끼손가락에 걸려 있는 ▲를 풀어 준다.

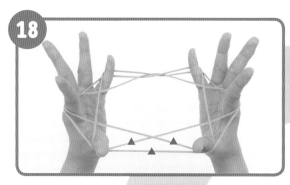

엄지손가락에 걸려 있는 ▲를 모두 풀어 준다.

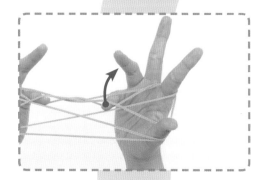

⑰ 의 걸고 있는 모습

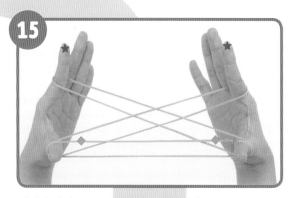

집게손가락으로 위쪽에서 ◆ 를 건다.

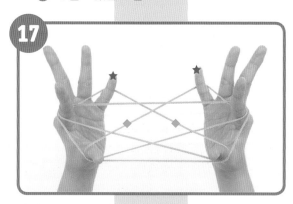

새끼손가락으로 위쪽에서 ◆ 를 건다.

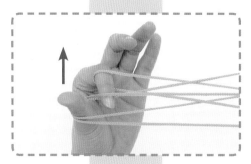

⑮ 의 걸고 있는 모습

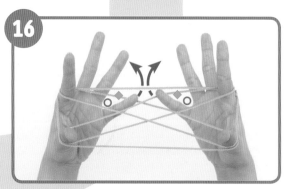

새끼손가락을 아래쪽에서 ◯ 안에 넣어 ◆ 를
화살표 방향으로 밀어 올린다.

변신! 논

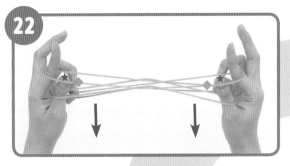

장구의 ◆ 를 엄지손가락으로 건다.

변신! **장구**

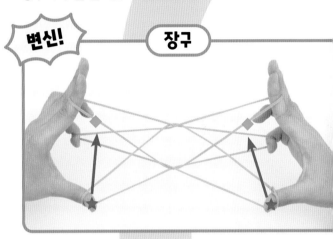

변신! **마름모**

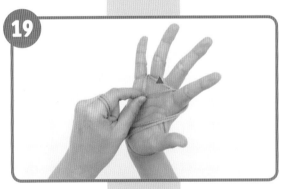

마름모의 ◆ 를 왼손 엄지손가락과 집게손가락으로 잡아서 빼낸다. ◆ 를 그대로 잡은 상태에서 손가락에 남아 있는 ▲ 를 빼내어 새끼손가락에 건다.

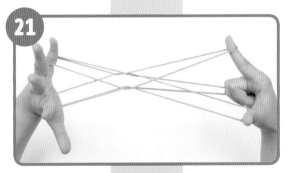

왼손도 **19** ~ **20** 과 똑같이 한다.

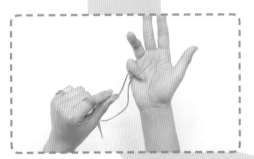

19 의 새끼손가락에 ▲ 를 걸고 있는 모습

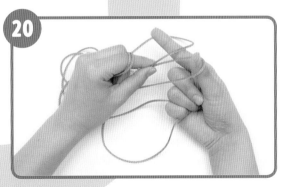

왼손으로 잡고 있는 ◆ 를 오른손 엄지손가락과 집게손가락에 다시 건다.

107

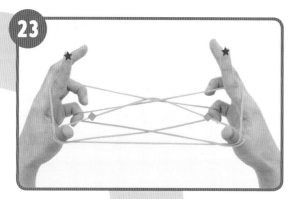

집게손가락으로 ◆를 건다.

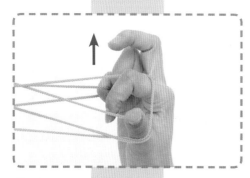

㉓ 의 걸고 있는 모습

변신! **다리**

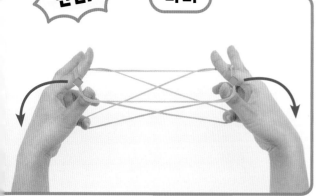

엄지손가락과 집게손가락에 걸려 있는
◆ 두 가닥을 양손을 모아 손목으로 내린다.

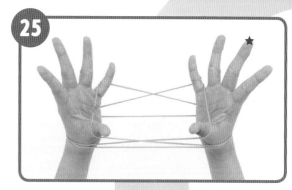

오른손 가운뎃손가락으로 ◆를 건다.

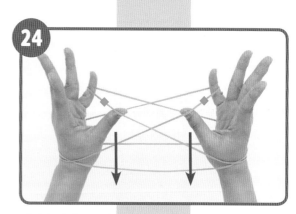

엄지손가락으로 ◆를 건다.

변신! **산**

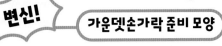

한 바퀴 돌아
제자리!

변신!

가운뎃손가락 준비 모양

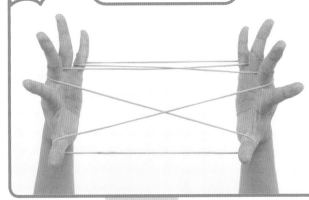

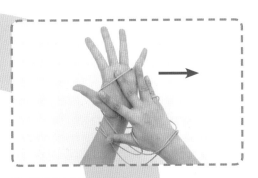

㉕ 의 걸고 있는 모습

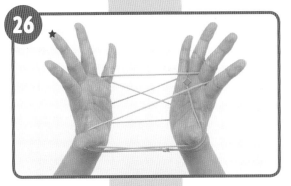

왼손 가운뎃손가락으로 ◆ 를 건다.

다시 손을 위쪽으로 세우고, 풀어 준 실 중 하나는
몸 쪽으로, 다른 하나는 새끼손가락 쪽으로 오게 한다.
그리고 실을 딩기면⋯⋯.

㉗ 의 풀고 있는 모습

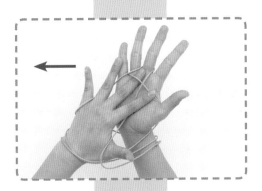

㉖ 의 걸고 있는 모습

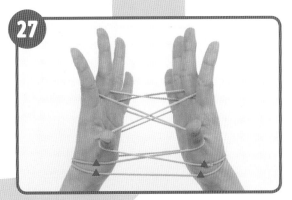

양손을 마주 보게 해서 아래쪽으로 기울인 다음,
손을 흔들어 손목에 걸려 있는 실을 모두 풀어 준다.

국화꽃

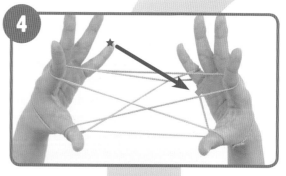

4

왼손 새끼손가락으로 아래쪽에서 ◆ (❸에서
걸어 온 실)를 건 다음, 손가락을 모두 벌린다.

1 집게손가락 준비 모양

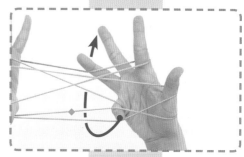

◆를 걸면서 화살표 방향으로 새끼손가락을
본래대로 편다.

〈집게손가락 준비 모양〉에서 시작. 양손의 다섯 손가락을
○ 안에 넣어 실을 엄지손가락 쪽 손목으로 떨어뜨린다.

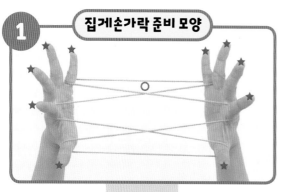

❶의 실을 손목으로 떨어뜨리고 있는 모습

3

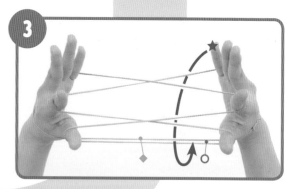

오른손 새끼손가락을 실 아래쪽을 모두 지나
엄지손가락에 걸려 있는 ◆를 건다.

2

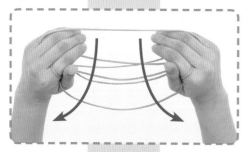

새끼손가락을 아래쪽에서 ○ 안에 넣어
◆를 손목으로 내린다.

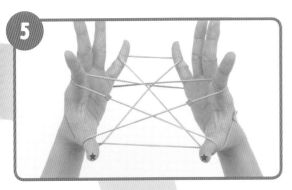

5

엄지손가락으로 ◆ 를 건다.

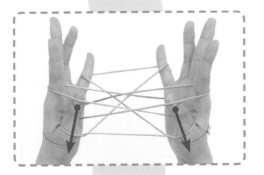

⑤ 의 걸고 있는 모습

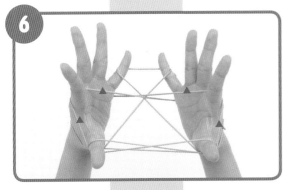

6

집게손가락에 걸려 있는 ▲ 를 풀어 준다.

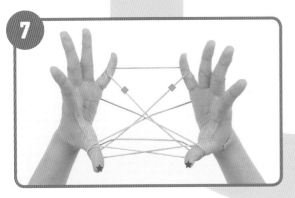

7

엄지손가락으로 ◆ 를 건다.

완성!

짜잔!
국화꽃입니다.

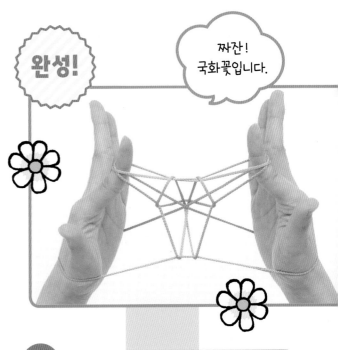

9

엄지손가락과 새끼손가락에 걸려 있는
실을 모두 풀어 준다.

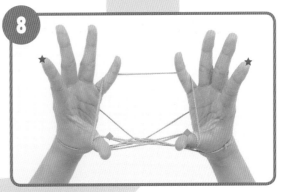

8

집게손가락으로 엄지손가락에 걸려 있는
◆ 두 가닥을 건다.

111

마법의 열매

1 집게손가락 준비 모양

〈집게손가락 준비 모양〉에서 시작. 양손 엄지손가락을 뺀 나머지 손가락을 위쪽에서 ○ 안에 넣는다.

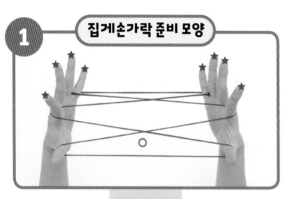

2

◆ 를 반대쪽으로 넘겨 손목으로 떨어뜨린다.

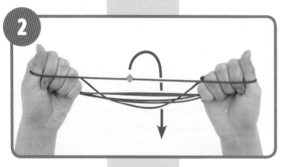

3

엄지손가락을 아래쪽에서 ○ 안에 넣어 ◆ 를 손목으로 떨어뜨린다.

6

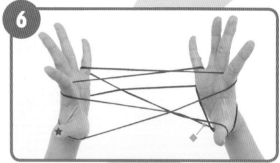

왼손 엄지손가락으로 아래쪽에서 오른손 엄지손가락 뒤쪽에 걸려 있는 ◆ 를 건다.

5

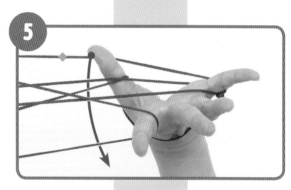

엄지손가락의 손등 쪽으로 ◆ 를 건다.

4

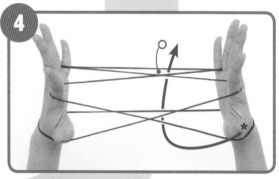

오른손 엄지손가락을 아래쪽에서 화살표 방향으로 돌려서 ○ 안으로 내보낸다.

112

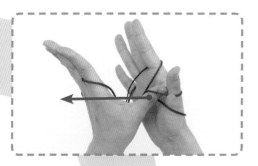

6의 걸고 있는 모습

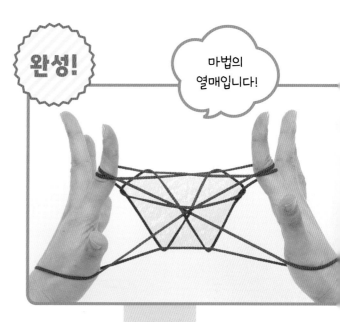

완성!

마법의 열매입니다!

7

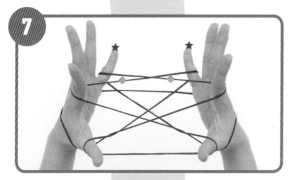

새끼손가락으로 아래쪽에서 ◆를 건다.

8

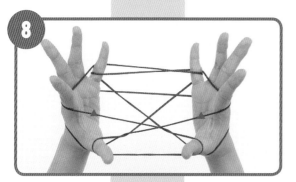

집게손가락에 걸려 있는 ▲를 풀어 준다.

9

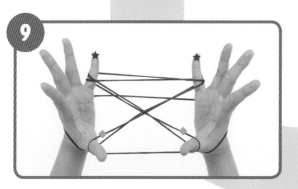

새끼손가락으로 ◆를 건 뒤, 손가락을 벌린다.

11

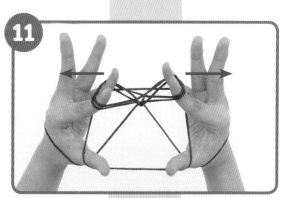

엄지손가락과 새끼손가락에 걸려 있는 실을 모두 풀어 주고, 집게손가락을 옆으로 벌려 당긴다.

10

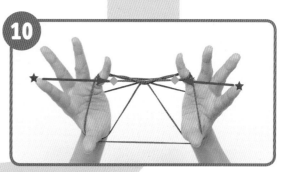

집게손가락으로 새끼손가락에 걸려 있는 ◆ 두 가닥을 아래쪽에서 건다.

통나무집

1 집게손가락 준비 모양

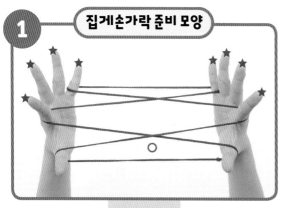

〈집게손가락 준비 모양〉에서 시작. 엄지손가락을 뺀 나머지 네 손가락을 ○ 안에 넣는다.

2

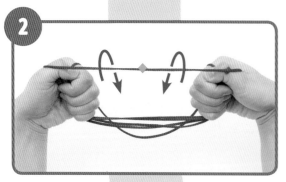

◆를 새끼손가락 쪽으로 넘기고, 손가락을 위로 편다.

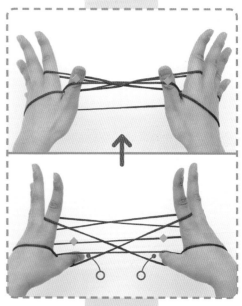

❸ 의 걸어 앞으로 당기고 있는 모습

3

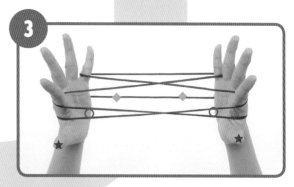

엄지손가락을 ○ 안에 넣고, 아래쪽에서 ◆를 걸어 앞으로 당긴다.

완성!

짜잔!
통나무집!

4

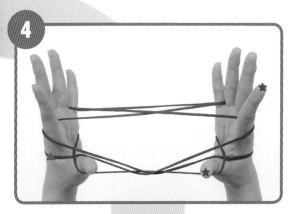

오른손 엄지손가락과 집게손가락을 이용해
▲를 풀어 준다.

❹ 의 풀고 있는 모습

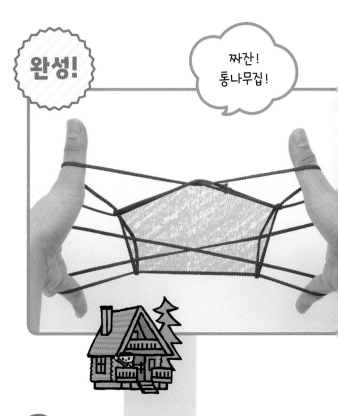

5

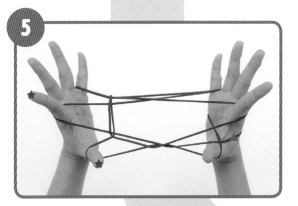

왼손 엄지손가락과 집게손가락을 이용해
▲를 풀어 준다.

6

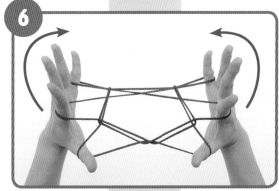

손목을 앞쪽으로 뒤집는다.

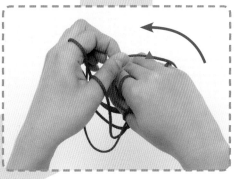

❺ 의 풀고 있는 모습

오물거리는 입

① 집게손가락 준비 모양

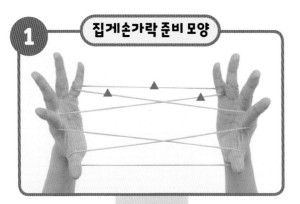

〈집게손가락 준비 모양〉에서 시작.
새끼손가락에 걸려 있는 ▲를 풀어 준다.

②

새끼손가락을 아래쪽에서 ○ 안에 넣어
■를 누르면서 ◆를 건다.

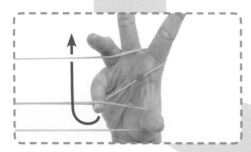

❷ 의 누르며 걸고 있는 모습

⑤

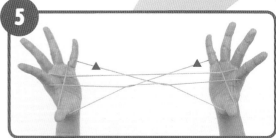

새끼손가락에 걸려 있는 ▲를 풀어 준다.

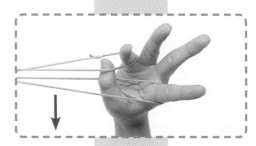

❹ 의 누르며 걸고 있는 모습

④

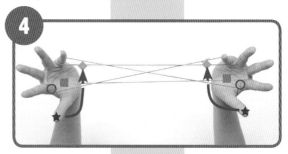

엄지손가락을 아래쪽에서 ○ 안에 넣어
■를 누르면서 ◆를 건다.

③

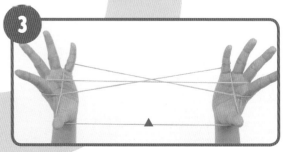

엄지손가락에 걸려 있는 ▲를 풀어 준다.

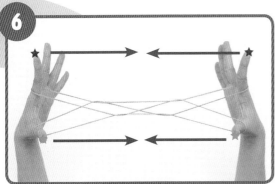

오른손 엄지손가락 끝과 왼손 엄지손가락 끝, 오른손
집게손가락 끝과 왼손 집게손가락 끝을 맞붙인다.

완성!

오물오물
입이 움직여요!

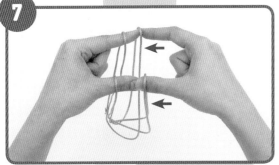

그대로 왼손으로 실을 옮긴다.

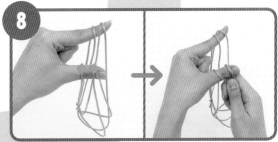

◆ 두 가닥을 오른손으로 쥐고, 왼손 집게손가락에
걸려 있는 실을 왼손으로 쥐고서 살살 펼친다.

움직여 봐요!

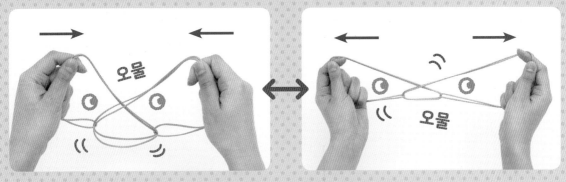

오물

오물

실을 느슨하게 늘였다가 팽팽하게 당겨 보자. 입이 오물오물 움직인다.

옷감 짜는 베틀

1

양쪽 손목에 실을 건다.

2

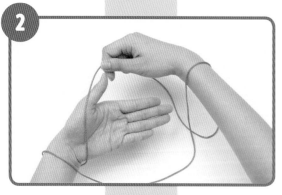

오른손으로 바깥쪽 실을 잡아 왼손 손목에
한 바퀴 감는다.

3

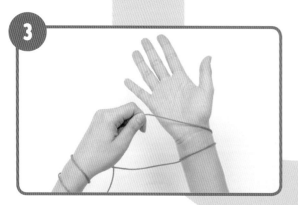

왼손으로 안쪽 실을 잡아 오른손 손목에 한 바퀴 감는다.

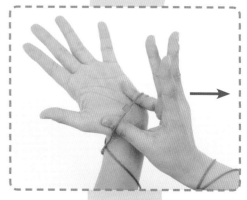

엄지손가락과 새끼손가락으로 아래쪽에서
◆ 를 걸어 화살표 방향으로 벌린다.

4

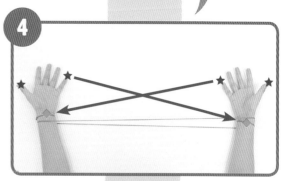

왼손 엄지손가락과 새끼손가락으로 오른손 손목의
◆ 를 걸고, 오른손 엄지손가락과 새끼손가락으로
왼손 손목의 ◆ 를 건다.

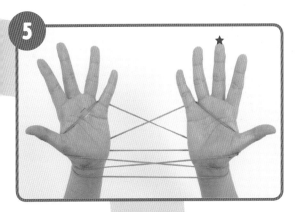

오른손 가운뎃손가락으로 ◆ 를 건다.

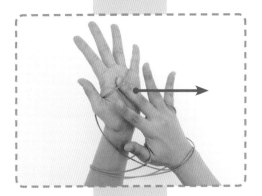

⑤ 의 걸고 있는 모습

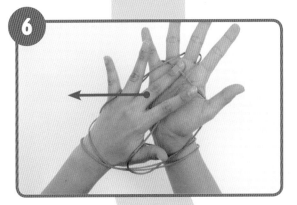

마찬가지로 왼손 가운뎃손가락으로 ◆ 를 건다.

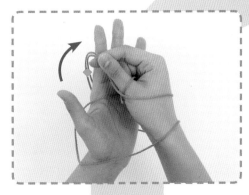

⑧ 의 벗겨 내고 있는 모습

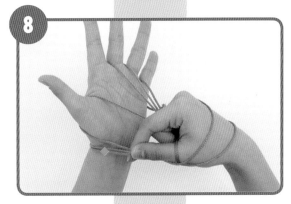

잡은 실 두 가닥을 손목에서 벗겨 낸다.

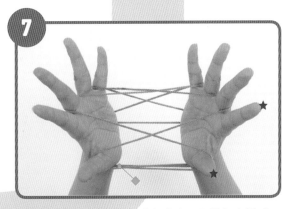

오른손 엄지손가락과 집게손가락으로 왼손 손목에
걸려 있는 ◆ 두 가닥을 잡는다.

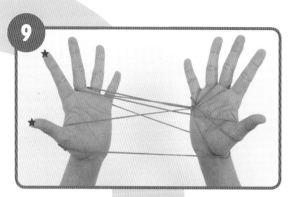

9

마찬가지로 왼손 엄지손가락과 집게손가락으로
오른손 손목에 걸려 있는 실 두 가닥을 잡는다.

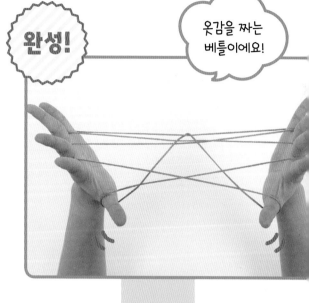

완성!

옷감을 짜는
베틀이에요!

10

잡은 실 두 가닥을 손목에서 벗겨 낸다.

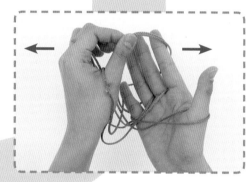

다 벗겨 냈으면 손을 양옆으로 펼친다.

움직여 봐요!

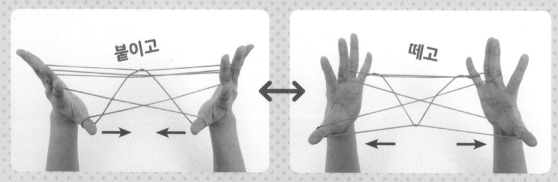

붙이고

떼고

양손 엄지손가락을 서로 가까이 붙였다가 멀리 떼기를 반복하면 옷감을 짜는 것처럼 보인다.

물고기 두 마리

▶ 동영상으로 배워요.

1
가운뎃손가락 준비 모양

〈가운뎃손가락 준비 모양〉에서 시작. 집게손가락을
○ 안에 넣어 엄지손가락에 걸려 있는
실을 집게손가락으로 옮긴다.

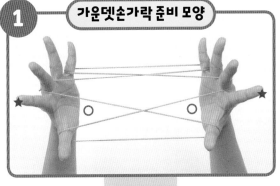

1 의 옮기고 있는 모습

2

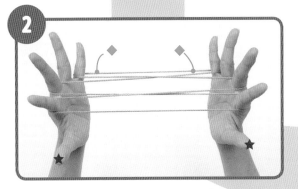

엄지손가락으로 다른 실의 아래쪽을 지나 ◆ 를 건다.

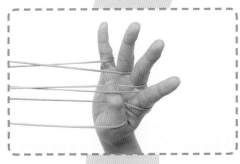

3 의 걸고 있는 모습

3

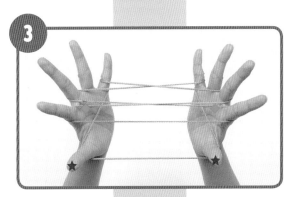

엄지손가락으로 위쪽에서 ◆ 를 건다.

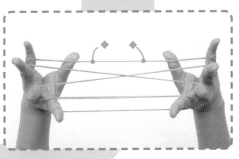

2 의 걸고 있는 모습

121

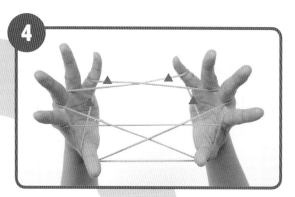

새끼손가락에 걸려 있는 ▲를 풀어 준다.

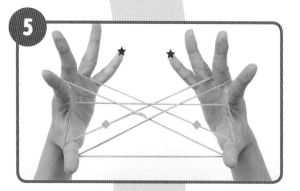

새끼손가락으로 위쪽에서 ◆를 건다.

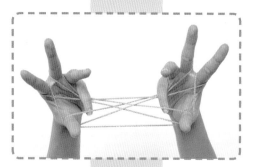

❺ 의 걸고 있는 모습

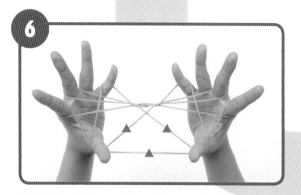

엄지손가락에 걸려 있는 ▲를 모두 풀어 준다.

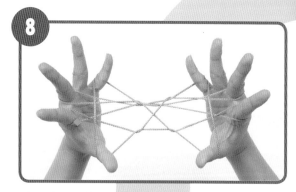

왼손 집게손가락에 걸려 있는 ◆를
왼손 엄지손가락에도 같이 건다.

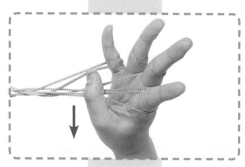

❼ 의 걸고 있는 모습

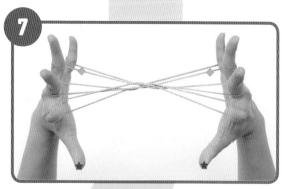

엄지손가락으로 위쪽에서 ◆를 건다.

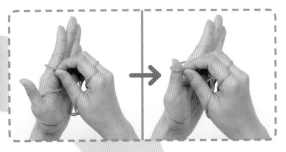

❽ 의 걸고 있는 모습

9

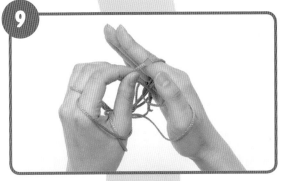

마찬가지로 오른손 집게손가락에 걸려 있는 ◆ 를 오른손 엄지손가락에도 같이 건다.

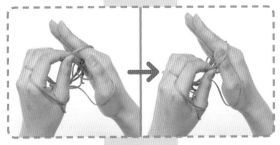

❾ 의 걸고 있는 모습

10

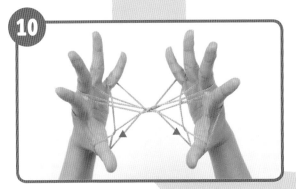

엄지손가락에 걸려 있는 ▲를 풀어 준다.

완성!

우아, 귀여운 물고기가 두 마리나!

12

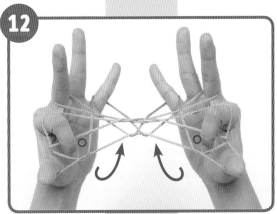

새끼손가락과 가운뎃손가락에 걸려 있는 실을 풀면서 집게손가락을 편 다음, 양손을 반대쪽으로 뒤집는다.

11

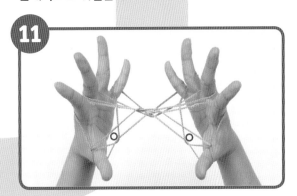

집게손가락을 위쪽에서 ○ 안에 넣는다.

짝! 잡았다, 모기!

1

양쪽 엄지손가락에 실을 걸고, 오른손 손목에
실을 한 바퀴 감는다.

❶의 감고 있는 모습

2

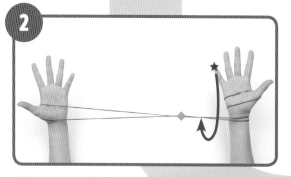

오른손 새끼손가락 손등 쪽으로 ◆ 두 가닥을 건다.

❸의 걸고 있는 모습

3

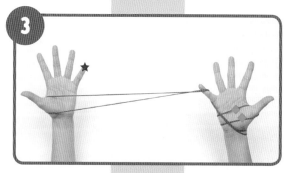

왼손 새끼손가락으로 오른손 엄지손가락에 걸려 있는
◆ 두 가닥을 위쪽에서 건다.

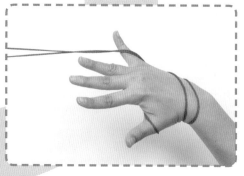

❷의 걸고 있는 모습

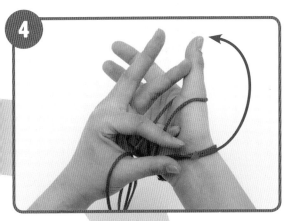

4

오른손 손목에 걸려 있는 ▲ 두 가닥을 왼손을
이용해 풀어 준다.

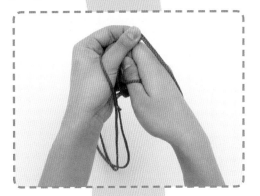

④ 의 풀고 있는 모습

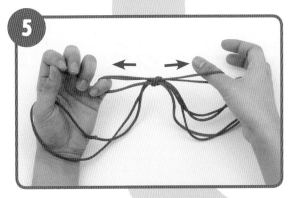

5

양손을 벌린다.

완성!

우아,
신기해!

잡았다, 모기!

6

짝!

손뼉을 짝! 치고 양쪽 새끼손가락에 걸려 있는
실을 풀어 준다. 모기를 잡았는지 보려고
손을 양옆으로 펼치며 실을 늘이면…….

완성!　　**모기**

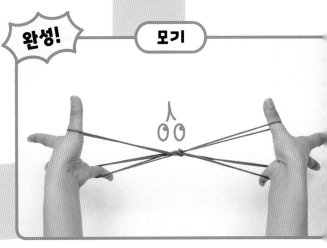

이사 가요

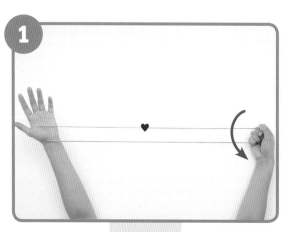

왼손 엄지손가락에 실을 걸고, 오른손으로 잡아서
♥가 위로 오도록 비틀어 꼰다.

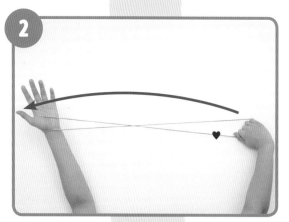

오른손으로 삽고 있는 실을 그대로 들어서
왼손 엄지손가락과 집게손가락 사이에 넣는다.

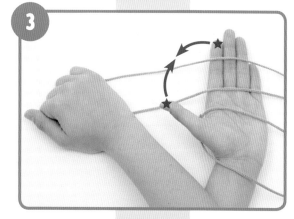

왼손 엄지손가락 끝과 집게손가락 끝을 맞붙인다.

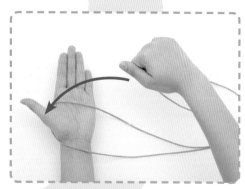

위에서 덮듯이 실을 가져간다.

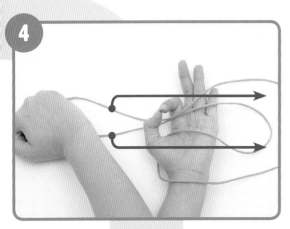

실을 화살표 방향으로 되돌려보내고,
왼손 엄지손가락과 집게손가락에 실 고리를 건다.

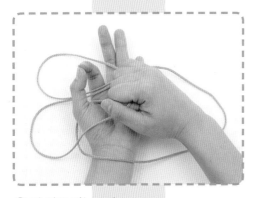

④ 의 걸고 있는 모습

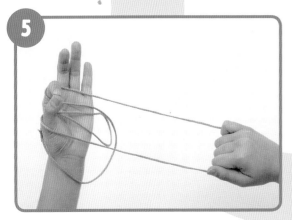

오른손으로 잡고 있는 실을 아래로 당긴다.

완성!

우아, 신기해!

왼손 엄지손가락에 있던 실이
집게손가락으로 이사 갔네!

어떻게 될까?

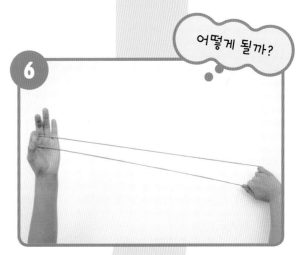

왼손 엄지손가락과 집게손가락을 떼면……

127

또 이사 가요

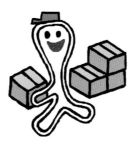

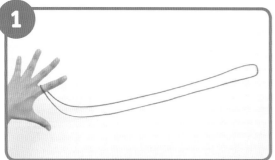

1 왼손 집게손가락에 실을 걸고, 오른손으로 실을 잡는다.

2 왼손 집게손가락과 가운뎃손가락을 붙인다.

뱅글
뱅글

3 집게손가락에서 가운뎃손가락 방향으로 실을
두세 바퀴 돌려 감아 두 손가락을 묶는다.
실이 꼬이지 않도록 똑바로 감는다.

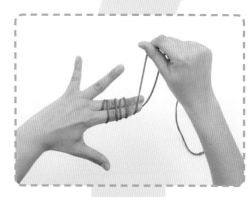

4 의 감고 있는 모습

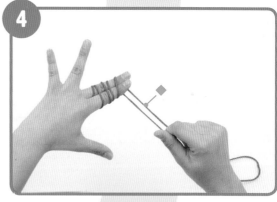

4

◆ 한 가닥을 남기고 나머지 한 가닥인 아래쪽
실만 한 바퀴 감는다.

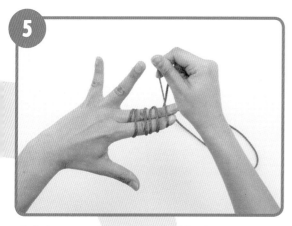

5

마지막으로 두 가닥 남아 있는 실을 몇 바퀴 감는다.

뱅글
뱅글

⑤ 의 감고 있는 모습

6

감은 실을 이번에는 모두 풀어 준다.

완성!

어?
언제 이사 갔지?

왼손 집게손가락에 있던 실이
가운뎃손가락으로 이사를 갔어!

어떻게 될까?

7

한 바퀴, 두 바퀴 풀다가 모두 다 풀면…….

⑥ 의 풀고 있는 모습

잡았다, 엄지!

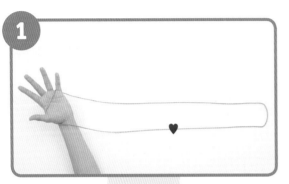

왼손 엄지손가락과 새끼손가락에 실을 걸고,
♥가 위에 오도록 한 번 꼰다.

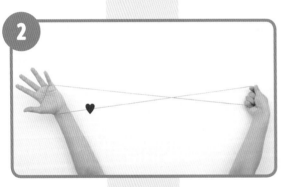

꼬여 있는 채로 오른손 엄지손가락과
새끼손가락에 실을 건다.

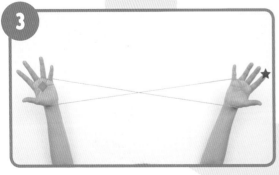

오른손 집게손가락으로 ◆를 건다.

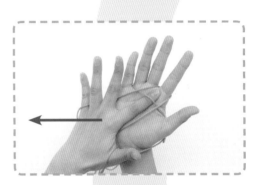

❹의 걸고 있는 모습

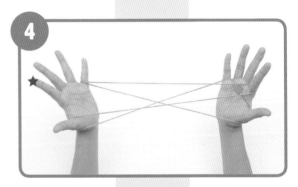

왼손 집게손가락으로 ◆를 건다.

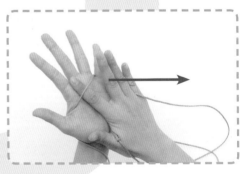

❸의 걸고 있는 모습

5

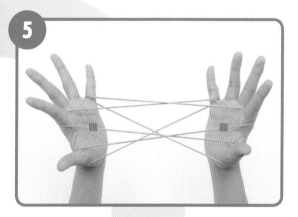

엄지손가락으로 ▮▮를 누른다.

6

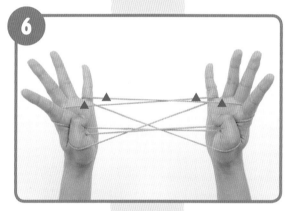

집게손가락과 새끼손가락에 걸려 있는 ▲를 풀어 준다.

7

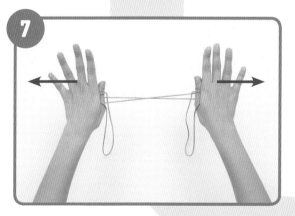

엄지손가락으로 누르고 있던 실을 놓고,
양손을 벌린다.

완성!

어라?
신기하네!

잡았다, 엄지!

어떻게 될까?

8

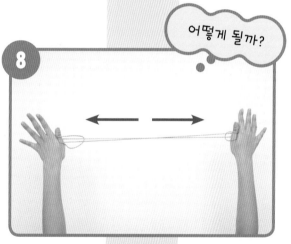

그대로 쭈욱 당기면……

고무줄 마술

▶ 동영상으로
배워요.

완성! ──────── 고무줄

엄지손가락과 새끼손가락을 펴면…….

1

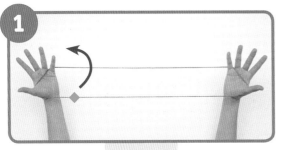

양쪽 엄지손가락과 새끼손가락에 실을 건다.
오른손으로 ◆를 잡아 왼손 엄지손가락에서
새끼손가락 방향으로 한 바퀴 감는다.

❶의 감고 있는 모습

2

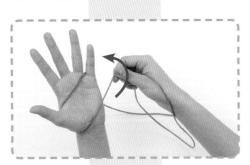

오른손도 마찬가지로 왼손으로 ◆를 잡아
오른손 엄지손가락에서 새끼손가락 방향으로
한 바퀴 감는다.

4

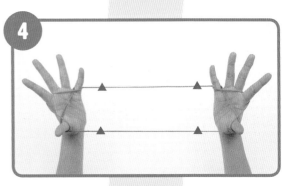

양손 엄지손가락과 새끼손가락을 모아서
▲를 풀어 준다.

3

집게손가락으로 위쪽에서 ◆를 걸어 올린다.

❷의 감고 있는 모습

가지고 놀아 봐요!

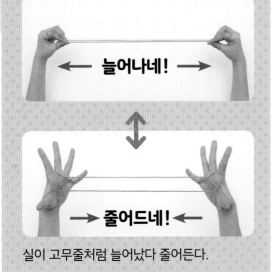

늘어나네!

줄어드네!

실이 고무줄처럼 늘어났다 줄어든다.

완성!

스르르

우아! 신기해!

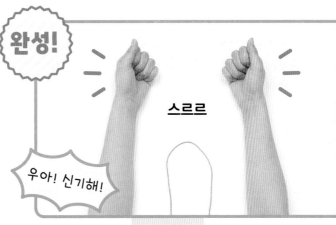

스르르 풀린다.

어떻게 될까?

8

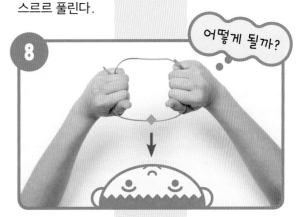

◆를 입에 물고 당기면 손에 쥐고 있던
실이……

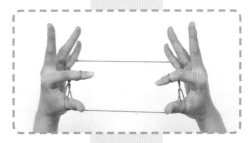

7의 풀어서 쥐고 있는 모습

5

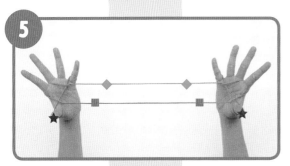

엄지손가락으로 ▥를 누르면서 아래쪽에서 ◆를 건다.

6

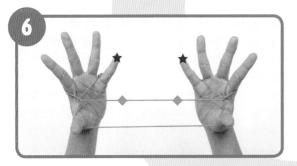

새끼손가락으로 ◆를 건다.

7

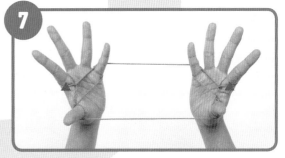

집게손가락에 걸려 있는 ▲를 풀어 준다.
양쪽 집게손가락, 가운뎃손가락, 약손가락으로
손바닥에 걸려 있는 실을 쥔다.

난이도
보통

실 길이
짧은 실

실 잇기

▶ 동영상으로
배워요.

1

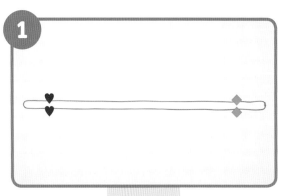

오른손으로 ◆ 두 가닥을, 왼손으로
♥ 두 가닥을 잡는다.

2

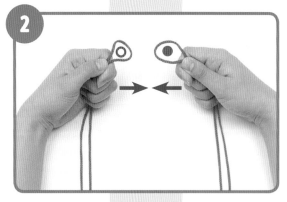

오른손에 잡은 ● 가 위에 오도록 ● 와 ○ 를
조금만 포갠다.

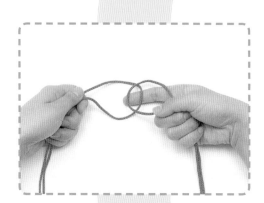

❸ 의 걸고 있는 모습

3

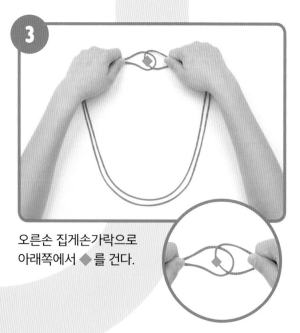

오른손 집게손가락으로
아래쪽에서 ◆ 를 건다.

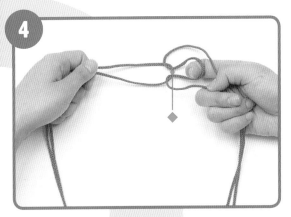

4

왼손 집게손가락으로 아래쪽에서 ◆ 를 건다.

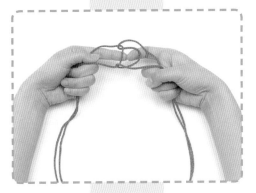

4 의 걸고 있는 모습

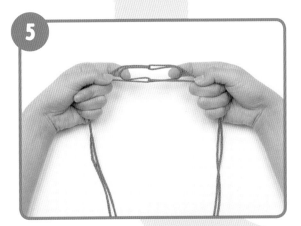

5

집게손가락에 걸려 있는 실을 양옆으로 당긴다.

완성!

이야! 신기해!

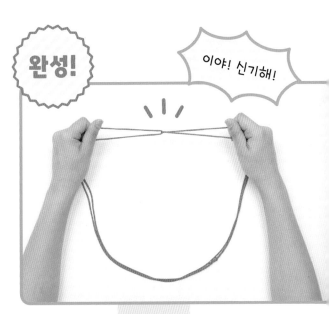

실이 하나로 이어졌어!

7

어떻게 될까?

실을 양옆으로 당긴다.

6

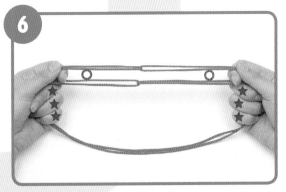

양손 가운뎃손가락, 약손가락, 새끼손가락을
○ 안에 넣는다.

다섯 손가락 술술 빼기

▶ 동영상으로
배워요.

1

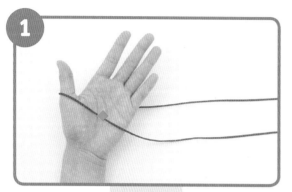

왼손 다섯 손가락에 걸치도록 실을 걸고, 오른손
집게손가락으로 아래쪽에서 ◆를 건다.

4

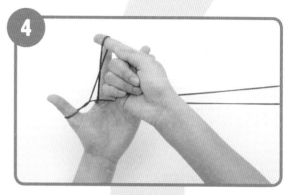

비틀어 꼰 실을 왼손 집게손가락에 건다.

2

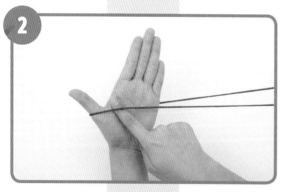

오른손 집게손가락으로 왼손 손등의 실을
왼손 엄지손가락과 집게손가락 사이로 걸어 당긴다.

3

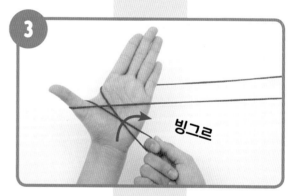

빙그르

걸어 당긴 실을 오른쪽으로 한 번 비틀어 꼰다.

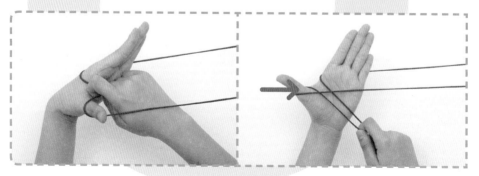

②의 걸어 당기고 있는 모습

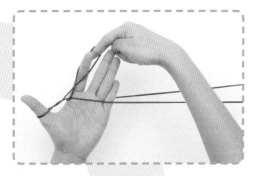

❹의 걸고 있는 모습

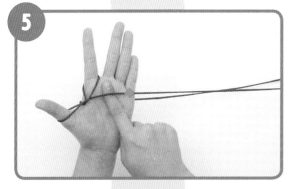

❶~**❸** 과 마찬가지로 오른손 집게손가락으로
아래쪽에서 ◆를 건 다음, 손등의 실을 집게손가락과
가운뎃손가락 사이로 걸어 당긴다.

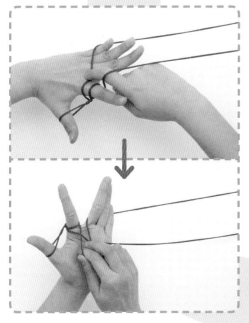

❺ 의 걸어 당기고 있는 모습

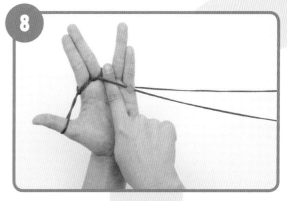

오른손 집게손가락으로 아래쪽에서 ◆를 건 다음,
손등의 실을 가운뎃손가락과 약손가락 사이로
걸어 당긴다.

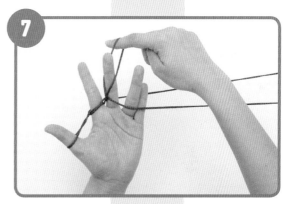

비틀어 꼰 실을 왼손 가운뎃손가락에 건다.

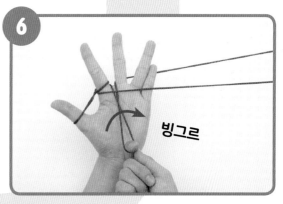

빙그르

걸어 당긴 실을 오른쪽으로 한 번 비틀어 꼰다.

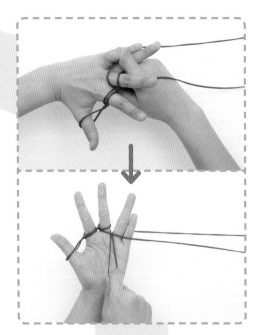

⑧ 의 걸어 당기고 있는 모습

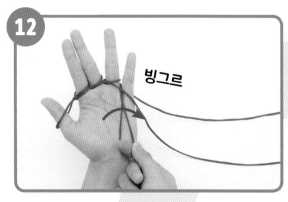

걸어 당긴 실을 오른쪽으로 한 번 비틀어 꼰다.

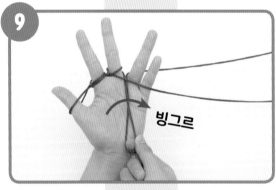

9 빙그르

걸어 당긴 실을 오른쪽으로 한 번 비틀어 꼰다.

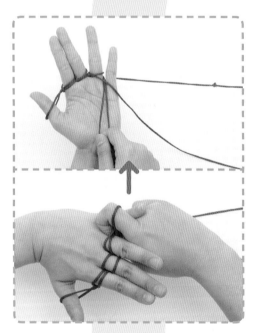

⑪ 의 걸어 당기고 있는 모습

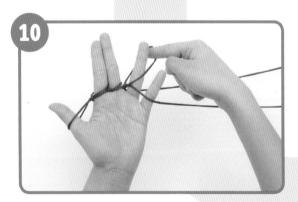

10

비틀어 꼰 실을 왼손 약손가락에 건다.

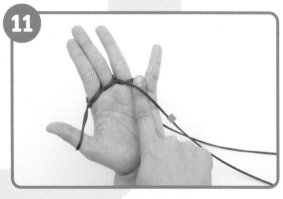

11

오른손 집게손가락으로 아래쪽에서
◆ 를 건 다음, 손등의 실을 약손가락과
새끼손가락 사이로 걸어 당긴다.

13

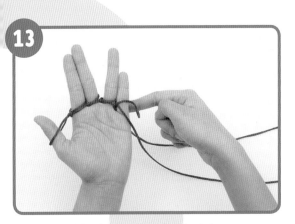

비틀어 꼰 실을 왼손 새끼손가락에 건다.

14

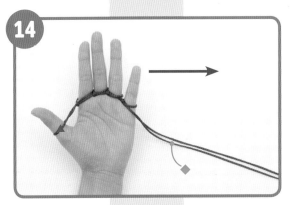

엄지손가락에 걸려 있는 ▲를 풀어 주고,
오른손으로 ◆를 옆으로 당긴다.

어떻게 될까?

15

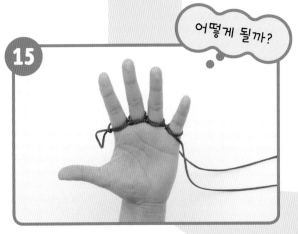

실이 손가락에서 차례차례 술술 풀려서…….

완성!

정말
신기하네!

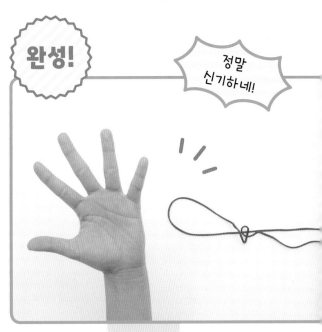

실이 다섯 손가락에서 모두 빠졌다!

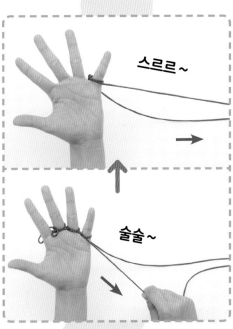

스르르~

술술~

15의 풀리고 있는 모습

두 손 술술 빼기

5

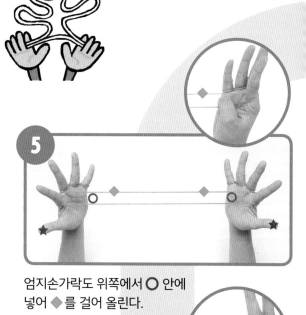

엄지손가락도 위쪽에서 ○ 안에 넣어 ◆를 걸어 올린다.

1

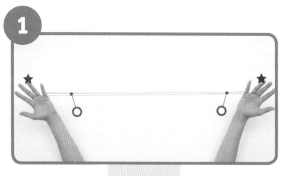

양손 새끼손가락에 실을 걸고, 약손가락을 위쪽에서 ○ 안에 넣는다.

4

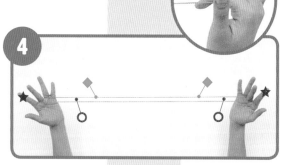

집게손가락도 위쪽에서 ○ 안에 넣어 ◆를 걸어 올린다.

2

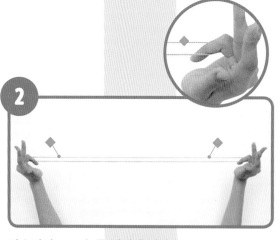

약손가락으로 ◆를 걸어 올린다.

3

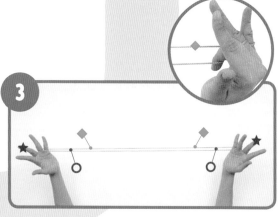

마찬가지로 가운뎃손가락도 위쪽에서 ○ 안에 넣어 ◆를 걸어 올린다.

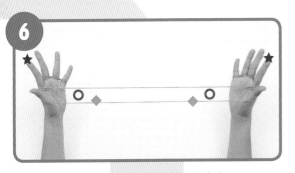

6

집게손가락으로 바깥쪽에서 ◆를 걸어서
⭕ 안에 넣는다.

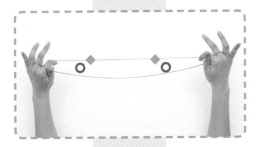

⑥ 의 걸어서 넣고 있는 모습

7

그대로 집게손가락으로 ♥를 걸어 올린다.

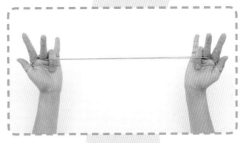

⑨ 의 걸어 올리고 있는 모습

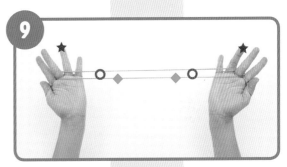

9

약손가락을 위쪽에서 ⭕ 안에 넣어 ◆를 걸어 올린다.

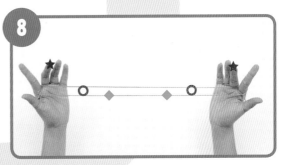

8

가운뎃손가락을 위쪽에서 ⭕ 안에 넣어 ◆를
걸어 올린다.

141

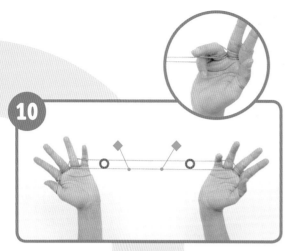

새끼손가락도 위쪽에서 ◯ 안에 넣어 ◆를
걸어 올린다.

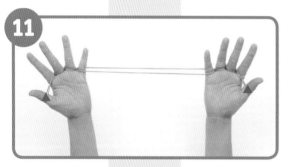

양쪽 엄지손가락에 걸려 있는 ▲를 풀어 준다.

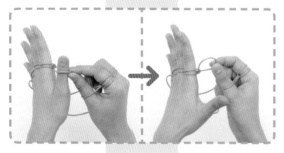

⑪ 의 풀고 있는 모습

완성!

와! 진짜 신기해!

두 손이 모두 빠졌다!

어떻게 될까?

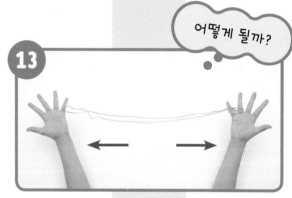

실이 차례차례 풀려 나가…….

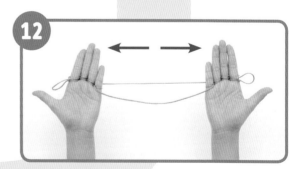

양손을 옆으로 벌려 실을 당긴다.

떨어진 반지

난이도 쉬움

실 길이 짧은 실

1

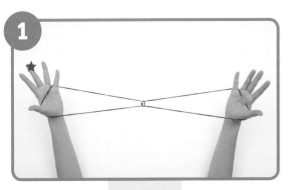

반지를 실에 통과시키고, 양손 엄지손가락과 새끼손가락에 실을 건다. 왼손 가운뎃손가락으로 ◆를 건다.

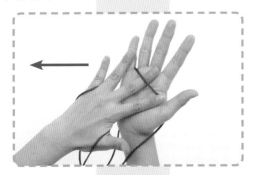

❶ 의 걸고 있는 모습

2

오른손 가운뎃손가락으로 ◆를 건다.

완성!

오! 놀라워!

반지가 떨어졌다!

어떻게 될까?

4

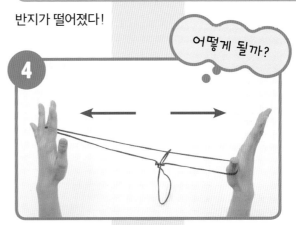

실을 양옆으로 당기면…….

3

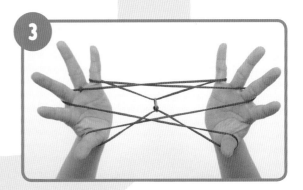

오른손 엄지손가락과 왼손 가운뎃손가락에 걸려 있는 실을 남기고 다른 실은 모두 풀어 준다.

실 길이 긴 실 ∞

수갑 풀기

▶ 동영상으로 배워요.

1

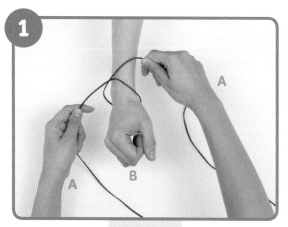

B의 손목에 A가 실을 한 바퀴 감는다.

2

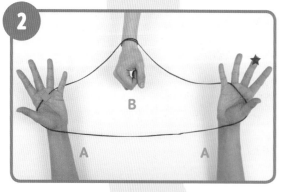

A의 양손 엄지손가락과 새끼손가락에 실을 걸고, 오른손 가운뎃손가락으로 ◆를 건다.

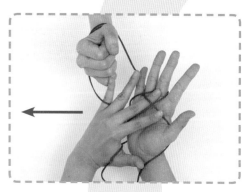

❸의 걸고 있는 모습

3

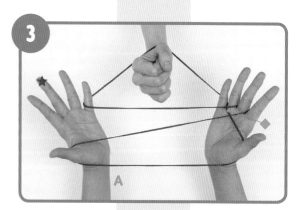

A의 왼손 가운뎃손가락으로 ◆를 건다.

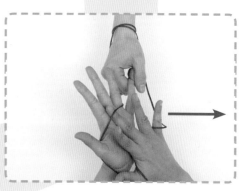

❷의 걸고 있는 모습

완성!

와! 신기해!

풀렸다!

B의 손목에서 수갑이 풀렸네!

4

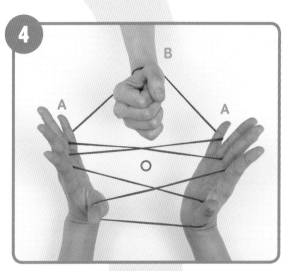

B의 손을 아래쪽에서 ○ 안에 넣는다.

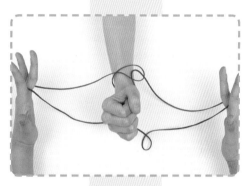

⑤ 의 풀고 있는 모습

어떻게 될까?

5

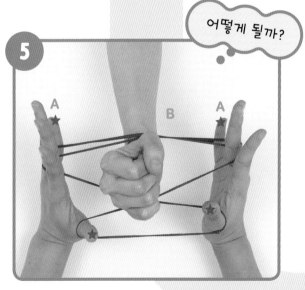

A의 양손 엄지손가락과 새끼손가락에 걸려 있는
실을 풀어 주고, 양손을 벌린다.

또 수갑 풀기

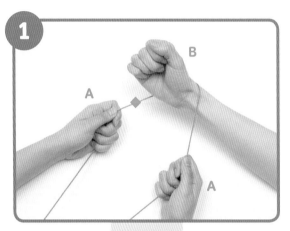

A가 **B**의 오른손 손목에 실을 걸고, ◆가 위로 오도록 교차시킨다.

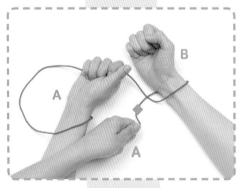

❶ 의 교차시키고 있는 모습

A가 오른손에 잡고 있는 ◆ 를 왼쪽으로 움직여 왼손에 잡고 있는 ♥ 위에 포갠다.

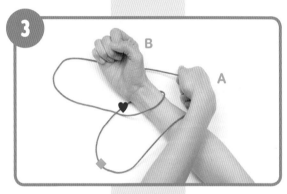

A가 오른손으로 ◆ 를 잡고, 왼손으로 아래쪽에서 ♥ 를 잡아 뺀다.

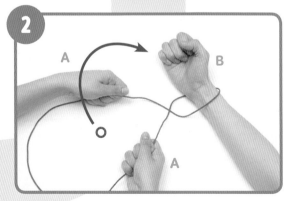

A가 실을 들어 올려 〇 안에 **B**의 오른손 손목에 넣는다.

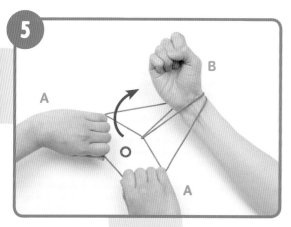

5 포갠 고리 모양을 들어 올려 ○ 안에 **B**의 손목을 넣는다.

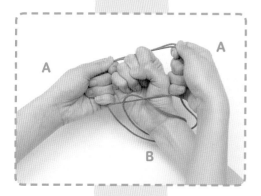

5의 넣고 있는 모습

완성!

우아,
대박 신기해!

또 풀렸네!

B의 손목에서 수갑이 풀렸어!

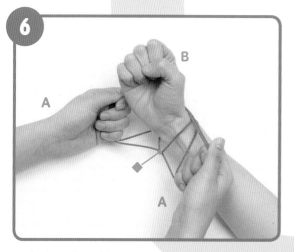

6 **A**가 잡고 있는 실을 놓고, 오른손 엄지손가락과
집게손가락으로 ◆를 잡는다.

어떻게 될까?

7

실을 천천히 아래로 당기면……

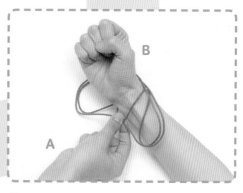

6의 잡고 있는 모습

둘이서 하는 실뜨기

▶ 동영상으로 배워요.

4

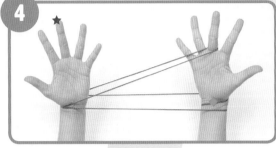

왼손 가운뎃손가락으로 ◆ 를 건다.

1

A   A

양쪽 손목에 실을 걸고, 왼손 손목에 ◆ 를 한 바퀴 감는다.

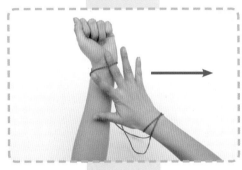

❸ 의 걸고 있는 모습

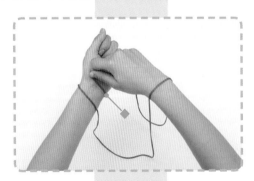

❶ 의 감고 있는 모습

3

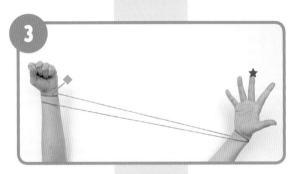

오른손 가운뎃손가락으로 ◆ 를 건다.

2

마찬가지로 오른손 손목에 ◆ 를 한 바퀴 감는다.

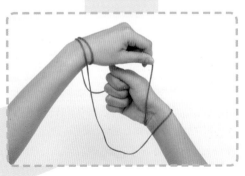

❷ 의 감고 있는 모습

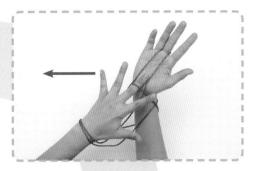

④ 의 걸고 있는 모습

완성! **출렁다리**

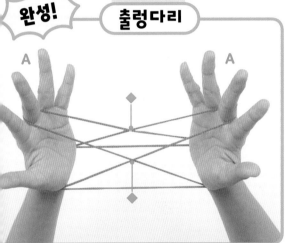

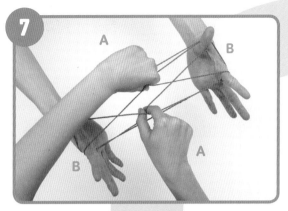

A가 엄지손가락과 집게손가락을 위쪽에서
논의 ◯ 안에 넣어 ◆ 를 잡는다.

변신! **논**

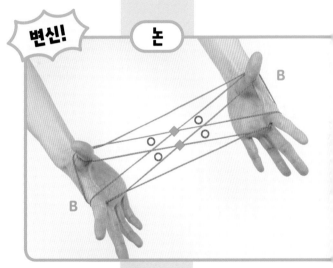

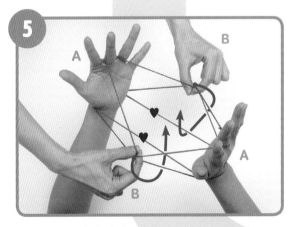

B가 바깥쪽에서 엄지손가락과 집게손가락으로
◆ 를 잡은 다음, 화살표 방향으로
출렁다리의 ♥ 를 걸어 올린다.

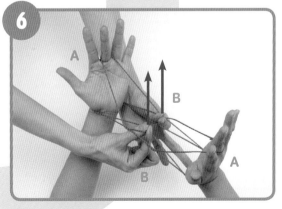

걸어 올려서 실이 모두 B에게 옮겨 가면
B는 그대로 손가락을 벌린다.

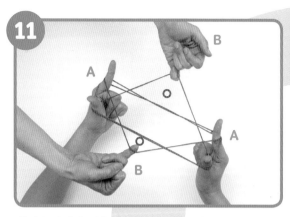

새끼손가락에 실을 단단히 건 채로 엄지손가락과
집게손가락을 위쪽에서 ○ 안에 넣는다.

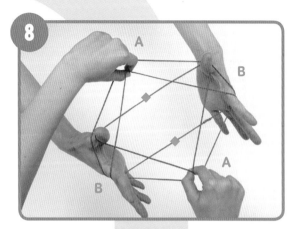

잡은 손가락으로 ◆ 를 걸어 올린다.

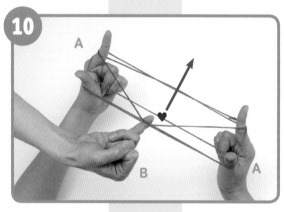

B가 오른손 새끼손가락으로 위쪽에서 강의 ◆ 를
걸고, 왼손 새끼손가락으로 ♥ 를 건다.

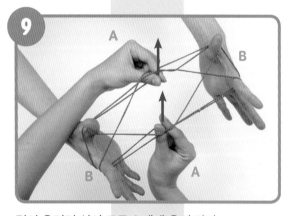

걸어 올리면 실이 모두 A에게 옮겨 간다.

변신!

강

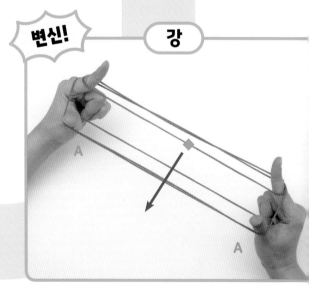

150

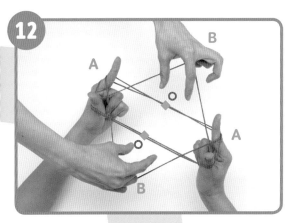

엄지손가락과 집게손가락으로 아래쪽에서
◆를 걸어 올린다.

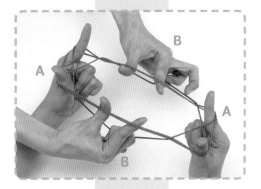

⑫의 걸어 올리고 있는 모습.
실이 모두 B에게 옮겨 간다.

변신! **배**

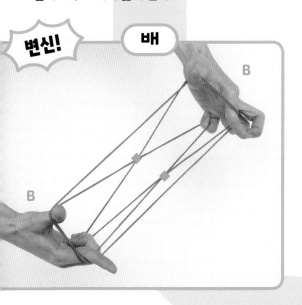

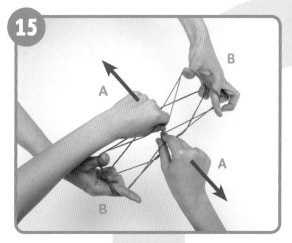

A가 실을 옆으로 당기면 실이 모두 A에게
옮겨 간다.

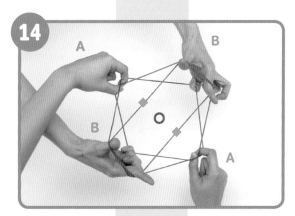

잡은 손가락을 위쪽에서 ◯ 안에 넣으며 ◆를 건다.

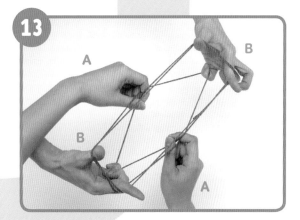

A가 엄지손가락과 집게손가락으로 배의 ◆를
아래쪽에서 잡는다.

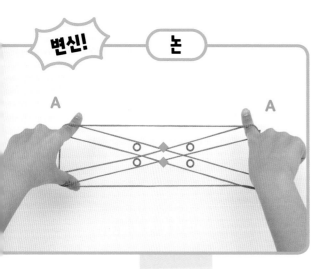

변신! 논

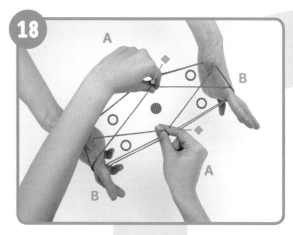

18

A가 엄지손가락과 집게손가락을 위쪽에서 ○ 안에 넣어 ◆ 를 잡는다. 잡은 손가락 끝이 위로 향하도록 걸어 올리듯이 ● 에서 끄집어낸다.

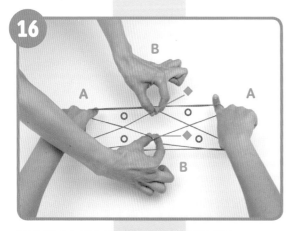

16

B가 엄지손가락과 집게손가락을 위쪽에서 ○ 안에 넣어 논의 ◆ 를 잡는다.

변신! 마름모

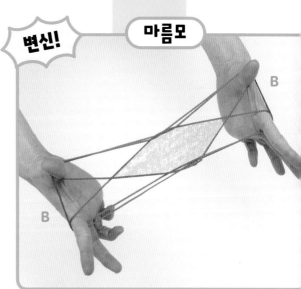

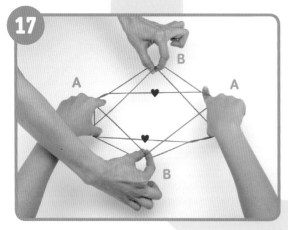

17

♥를 걸어 올린다.

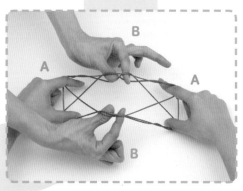

걸어 올리면 실이 모두 B에게 옮겨 간다.

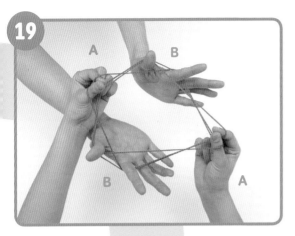

19

실이 모두 **A**에게 옮겨 가면 손가락을 편다.

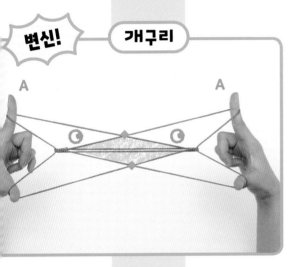

변신! **개구리**

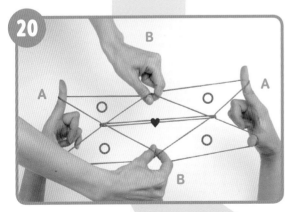

20

B가 엄지손가락과 집게손가락을 위쪽에서 ◯ 안에
넣어 ◆ 를 잡는다. ♥ 두 가닥 사이로 아래쪽에서
B의 엄지손가락과 집게손가락을 넣어 건다.

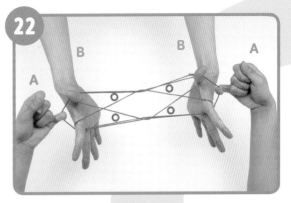

22

A가 새끼손가락으로 마름모의 ◆ 를 건 채로 엄지손가락과
집게손가락을 위쪽에서 ◯ 안에 각각 넣는다.

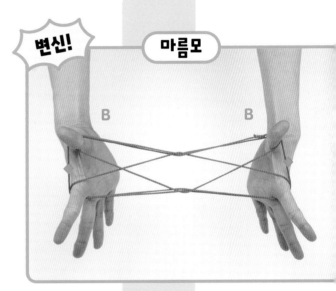

변신! **마름모**

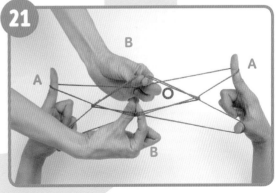

21

◯ 안에서 손가락 끝을 끄집어내듯이 걸어 올리면
실이 모두 **B**에게 옮겨 간다.

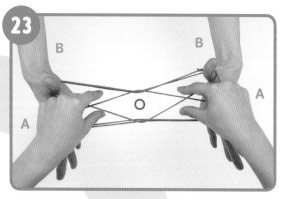

엄지손가락과 집게손가락을 아래쪽에서
○ 안에 넣어 위로 빼낸다.

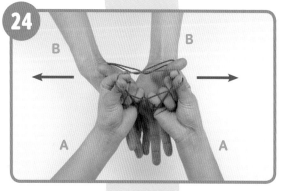

위로 빼내면 실이 모두 A 에게 옮겨 간다.

변신! **장구**

B 가 바깥쪽에서
○ 안에 엄지손가락과
집게손가락을 넣어
◆ 를 잡아서 벌린다.

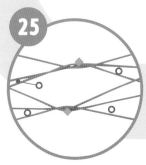

완성! **강**

둘이서 하면
훨씬 재밌어요!

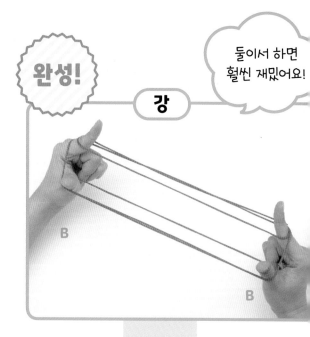

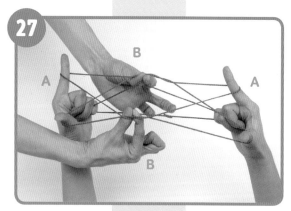

걸어 올리면 실이 모두 B 에게 옮겨 간다.

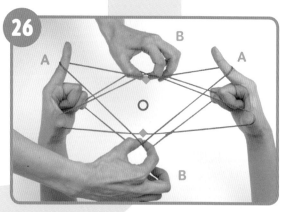

○ 안에서 손가락 끝을 내밀듯이 ◆ 를 걸어 올린다.

슬근슬근 톱질

1

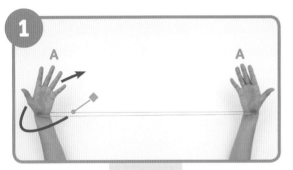

오른손으로 ◆를 왼손 손목에 한 바퀴 감는다.

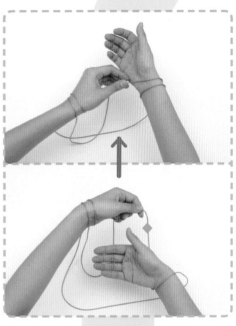

❷의 감고 있는 모습. 왼손으로 ◆를 잡고
오른손 손목 바깥쪽으로 안쪽으로 빙그르 감는다.

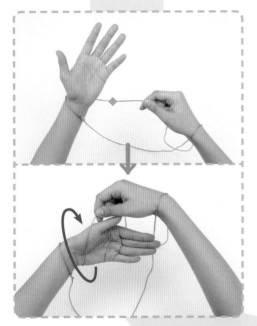

❶의 감고 있는 모습. 오른손으로 ◆를 잡고
왼손 손목 안쪽에서 바깥쪽으로 빙그르 감는다.

2

마찬가지로 오른손 손목에 ◆를 한 바퀴 감는다.

오른손 엄지손가락으로 왼손 손목의 ◆를 건다.

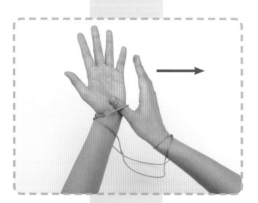

엄지손가락으로 아래쪽에서 ◆를 걸어
화살표 방향으로 당긴다.

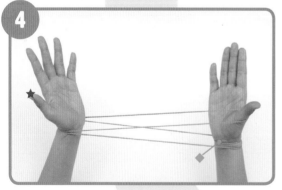

왼손 엄지손가락으로 오른손 손목의 ◆를 건다.

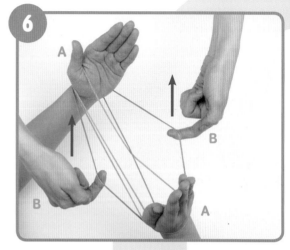

실을 위로 천천히 올리듯이 당긴다.

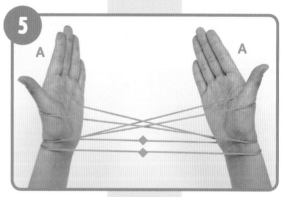

B가 집게손가락으로 위쪽에서 ◆를 걸어 올린다.

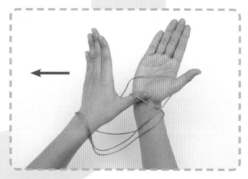

엄지손가락으로 아래쪽에서 ◆를 걸어
화살표 방향으로 당긴다.

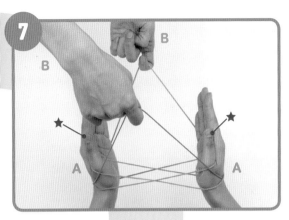

7

A는 엄지손가락에 걸려 있는 실이 빠지지 않도록
손가락을 오므린다.

완성!

슬근슬근
톱질하세~

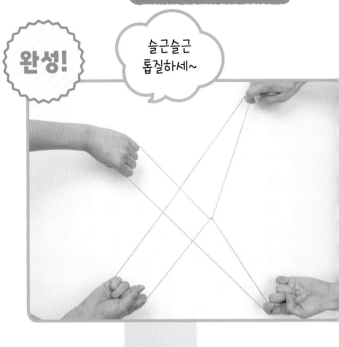

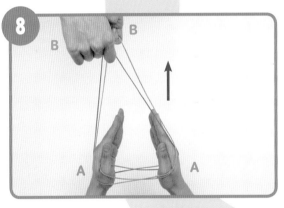

8

A의 손목에 걸려 있는 실만 풀어 준다.

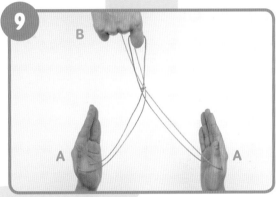

9

B는 양손을 벌리고, 실의 꼬인 방향을 바꿔
다시 걸어 준다.

가지고 놀아 봐요!

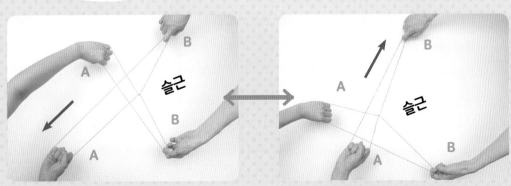

먼저 A가 옆으로 실을 당기고,
뒤이어 B가 옆으로 실을 당긴다.

흥부가 박을 타듯이 번갈아 가면서
슬근슬근 톱질을 하자!

쿵덕쿵덕 떡방아

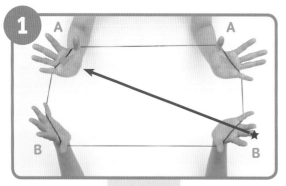

A와 B가 실 하나에 양손을 걸어 네모 모양을 만든다. B가 가운뎃손가락으로 A의 ◆를 건다.

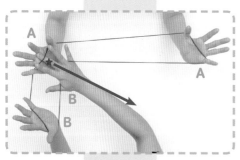

❶의 걸고 있는 모습

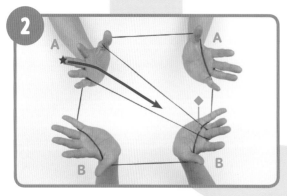

A가 가운뎃손가락으로 B의 ◆를 건다.

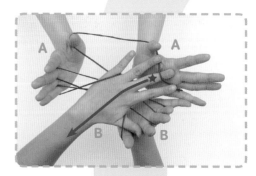

❸의 걸고 있는 모습

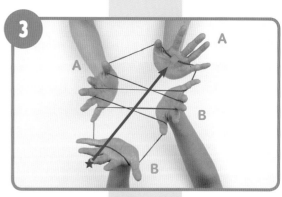

마찬가지로 B가 가운뎃손가락으로 A의 ◆를 건다.

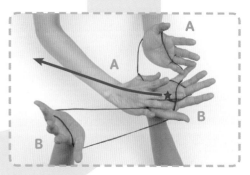

❷의 걸고 있는 모습

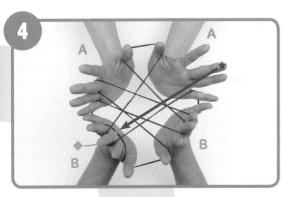

A가 가운뎃손가락으로 B의 ◆를 건다.

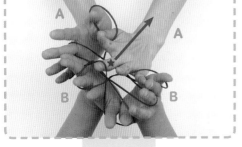

④의 걸고 있는 모습

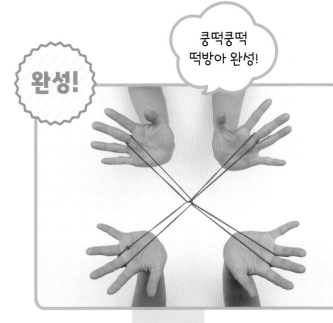

완성!

쿵떡쿵떡
떡방아 완성!

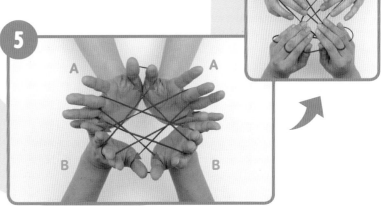

엄지손가락과 새끼손가락에 걸려 있는 실을 모두 풀어 준다.

가지고 놀아 봐요!

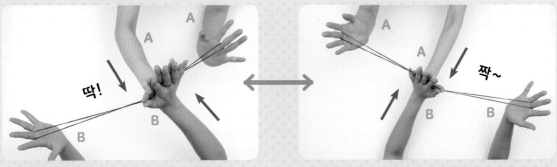

A와 B가 오른손과 오른손을 서로 마주친다.

오른손을 떼고 이번에는 왼손끼리 마주친다.

가토 도시노리 의학감수

의학박사이자 소아과 전문의입니다. 태아부터 노인까지 1만 명 이상의 뇌를 진단하고 치료했으며, 뇌를 성장시키는 새로운 의료 방법을 연구하고 있습니다. 쓴 책으로는 『늙지 않는 뇌 사용설명서』 등이 있습니다.

김정화 옮김

동국대학교 일어일문학과를 졸업하고, 한일아동문학을 공부하며 일본의 좋은 어린이 책을 국내에 소개하는 일을 하고 있습니다. 옮긴 책으로는 『폭풍우 치는 밤에』, 『보노보노, 좋은 일이 생길 거야』, 「이상한 과자 가게 전천당」 시리즈, 「추리 천재 엉덩이 탐정」 시리즈 등이 있습니다.

사진촬영 우가진 요시유키, 오쿠무라 노부요시(STUDIO DUNK)
일러스트 가이치 도오루, 시로시오
본문 및 표지 디자인 사이토 아야코
편집협력 STUDIO PORTO

길벗스쿨 놀이책

놀면서 똑똑해지는 **실뜨기 대백과**

초판 1쇄 발행 2021년 7월 19일
초판 5쇄 발행 2024년 3월 1일

의학감수 가토 도시노리 | 옮긴이 김정화
발행인 이종원 | 발행처 길벗스쿨 | 출판사 등록일 2006년 6월 16일
주소 서울시 마포구 월드컵로 10길 56(서교동) | 대표전화 (02)332-0931 | 팩스 (02)323-0586
홈페이지 school.gilbut.co.kr | 이메일 gilbut@gilbut.co.kr

기획 김언수 | 책임편집 김언수, 홍은채 | 디자인 이현주 | 교정교열 한지연
동영상 제작 홍은채, 반해빈 | 동영상 실뜨기 구현 홍은채 | 제작 이준호, 이진혁 | 영업유통 진창섭
마케팅 지하영 | 영업관리 정경화 | 독자지원 윤정아 | CTP출력 및 인쇄 상지사 | 제본 상지사

잘못 만든 책은 구입한 서점에서 바꿔 드립니다.
이 책은 저작권법에 따라 보호받는 저작물이므로 무단전재와 무단복제를 금합니다.
이 책의 전부 또는 일부를 이용하려면 반드시 사전에 저작권자와 길벗스쿨의 서면 동의를 받아야 합니다.
ISBN 979-11-6406-377-2(13690) | (길벗스쿨 도서번호 200418)